Alfred Nobel

**mit Selbstzeugnissen
und Bilddokumenten
dargestellt von
Fritz Vögtle**

Rowohlt

Dieser Band wurde eigens für «rowohlts monographien» geschrieben
Den Anhang besorgte der Autor
Herausgeber: Kurt und Beate Kusenberg
Wissenschaftliche Beratung: Klaus Schröter
Assistenz: Erika Ahlers
Schlußredaktion: K. A. Eberle
Umschlagentwurf: Werner Rebhuhn
Vorderseite: Alfred Nobel um das Jahr 1880
Rückseite: Das Testament Alfred Nobels vom 27. November 1895
(Beide Fotos: Nobelstiftelsen, Stockholm)

Veröffentlicht im Rowohlt Taschenbuch Verlag GmbH,
Reinbek bei Hamburg, August 1983
Copyright © 1983 by Rowohlt Taschenbuch Verlag GmbH,
Reinbek bei Hamburg
Alle Rechte an dieser Ausgabe vorbehalten
Satz Times (Linotron 404)
Gesamtherstellung Clausen & Bosse, Leck
Printed in Germany
880-ISBN 3 499 50319 0

Inhalt

Vorwort

Der Name Alfred Nobel löst konträre Gedankenassoziationen aus: Zum einen wird mit ihm die Erfindung des Dynamits verbunden, mit dem negativen Beigeschmack, den Sprengstoffe und ihre kriegerische Anwendung verursachen. Zum anderen erinnert der Name Nobel an den von ihm gestifteten Preis, der jedes Jahr wie keine andere Auszeichnung weltweit Aufsehen erregt.

Man argwöhnt leicht, daß Nobel den Preis aus Gewissenskonflikten aussetzte. Die Frage nach dem Menschen Nobel drängt sich auf, nach den Beweggründen für sein Wirken als Sprengstoffexperte und Friedenspreisstifter zugleich.

Zweifellos hätte man ohne Nobels Dynamit mit Schwarzpulver, Schießbaumwolle und dem unberechenbaren Nitroglycerin weiterhin gesprengt. Es ist daher müßig, Nobel die Mißbräuche des Dynamits anzulasten. Inzwischen sind weit gefährlichere Waffen entwickelt worden, welche die entscheidende Frage aktualisieren, die sich schon Nobel stellte: Vermögen extrem wirksame Waffen die Menschheit so abzuschrecken, daß sie nicht mehr eingesetzt werden: Friede durch Superwaffen?

Nobel war Chemiker, Geschäftsreisender, vielfacher Firmengründer, Großunternehmer, Multimillionär. Aber auch ein einsamer, nachdenklicher, philosophisch und literarisch interessierter Mensch mit lyrischen Neigungen, der die Stille liebte und suchte. Mit Bertha von Suttner hatte er eine Romanze und als Geliebte ein Blumenmädchen.

Seine Versuche mit dem Nitroglycerin führte er – unter ständiger Lebensgefahr – auf einem verankerten Floß weiter, als sie wegen der entsetzlichen Wirkung des Sprengstoffs verboten wurden und nachdem einige seiner Verwandten buchstäblich in die Luft geflogen waren. Kann man Alfred Nobel dennoch verstehen?

Vorfahren, Elternhaus, Kindheit, Jugend

Alfred Bernhard Nobel wurde als drittes von acht Kindern am 21. Oktober 1833 in Stockholm in einer kleinen Wohnung in der Norrlandsgatan 9, damals einem der ärmlichsten Stadtteile, geboren. Die im Namen zum Ausdruck gebrachte Hoffnung – Alfred: der von Elfen beratene, Bernhard: der Bärenstarke – erfüllte sich, was seine physische Konstitution betrifft, kaum: das Kind war schwächlich und oft krank.

Der Vater, Immanuel Nobel der Jüngere (1801–72), dessen Vorfahren aus der südschwedischen Landschaft Skåne (Schonen) und aus Mittelschweden stammten, hatte 1827 Andriette Carolina Ahlsell geheiratet, deren Vorfahren als hart arbeitende Bauern gleichfalls in Mittelschweden und in der Landschaft Småland heimisch waren. Die finanzielle Lage der Familie war zu jener Zeit bedrückend: Der Vater mußte ausgerechnet im Geburtsjahr Alfreds seinen Konkurs als Baumeister anmelden, Gläubiger bedrängten ihn, und es drohte ihm sogar Schuldhaft.

Der Ur-Ur-Urgroßvater Alfred Nobels war der bedeutendste schwedische Gelehrte seiner Zeit, Olof Rudbeck der Ältere (1630–1703), der – zeitweise Rector magnificus der Universität Uppsala – es als Professor der Naturwissenschaften vermochte, Vorlesungen über Astronomie, Mathematik, Physik, Chemie, Botanik, Zoologie, Anatomie, Architektur, Ballistik und Pyrotechnik zu halten, ein dreibändiges archäologisches Werk «Atlantica» zu schreiben und dem Musikleben in Uppsala entscheidende Impulse zu geben. Seine Vitalität, Vielseitigkeit, der Wille, sich zu behaupten, scheint sich auf die Nachfahren und auch auf Alfred Nobel übertragen zu haben.

Der andere Ur-Ur-Urgroßvater Alfred Nobels war der Bauer Oluf Pedersen aus dem Dorf Östra-Nöbbelöv in Schonen. Dessen Sohn Peder Olufsson kam 1682 als Jurastudent mit dem latinisierten Namen Petrus Olai Nobelius – nach dem Herkunftsort – an die Universität Uppsala. Auf Grund seiner Musikalität wurde er mit dem großen Rudbeck und dessen Tochter Wendela bekannt, die er 1696, als gutsituierter Richter, heiratete. Ihr jüngster Sohn Olof Pärsson Nobelius (1706–60) wurde Miniaturmaler und Zeichenlehrer in Uppsala und führte mit seiner Frau Anna Wallin ein ärmliches Leben.

Das jüngste ihrer zahlreichen Kinder, Immanuel (1757–1839), mußte das Medizinstudium wegen der Mittellosigkeit der Eltern aufgeben. Er

Das Geburtshaus Alfred Nobels in Stockholm, der Hof Norrlandsgatan 9

zog als Wundarzt (Regimentschirurg) und Unteroffizier in den Schwedisch-Russischen Krieg. Während seiner Dienstzeit ging er zur schwedischen Namensform Nobell über; später fiel das zweite «l» weg, die Betonung des Namens auf der letzten Silbe blieb aber erhalten. Nach dem Krieg ließ sich Immanuel Nobel (der Ältere) als Kreisfeldscher in der

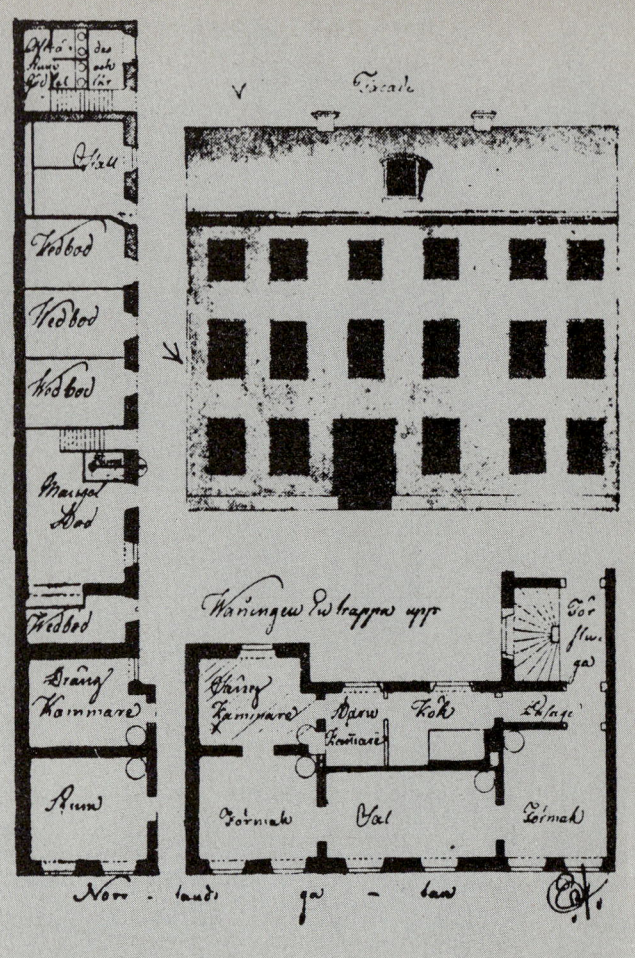

Grundriß des Geburtshauses, 1833

mittelschwedischen Hafenstadt Gävle am Bottnischen Meerbusen nieder. Der älteste Sohn aus der (zweiten) Ehe mit Brita Cajsa Messmann, geborene Ahlberg, der Tochter eines Schiffers, war Immanuel Nobel der Jüngere, Alfred Nobels Vater.

Dieser hatte vierzehnjährig als «Kajütenwärter» auf der «Thetis» angeheuert und über drei Jahre das Mittelmeer befahren. Ab 1818 war der begabte und bildungshungrige Immanuel «Architekt-Eleve» und besuchte bis 1826 die Architekturabteilung der Akademie der freien Künste in Stockholm. Er war so tüchtig, daß er außer einem Stipendium mehrfach Preise sowie eine offizielle Belohnung für die Konstruktion eines «beweglichen Holzhauses» erhielt. Daneben verdiente er zeitweilig Geld als Zeichner und Hilfslehrer. Anschließend machte er sich als Bauunternehmer selbständig, heiratete 1827 und ging nach Anfangserfolgen mit diversen Projekten – er erstellte eine schwimmende Brücke über den Skurusund – Erfindungen und Patenten – zum Beispiel für eine Hobelma-

Der Ur-Ur-Urgroßvater: Olof Rudbeck (1630–1703)

Die Mutter: Andriette Nobel, geb. Ahlsell Der Vater: Immanuel Nobel der Jüngere

schine, eine Mangelmaschine und «Nobels mechanisches Triebwerk» –
bankrott. Dazu trug außer seinem mangelnden kaufmännischen Ge-
schick und der flauen Wirtschaftslage des Landes vor allem der Brand der
Wohnung in Knåperstadt auf Langholm bei, in der der Unermüdliche ein
chemisches Laboratorium eingerichtet hatte.

Die Mutter Alfreds, Tochter des aus Småland stammenden Kämmerers
Andreas Ahlsell und seiner Frau Carolina, geb. Roospigg, war mit ihrer
heiteren, ausgeglichenen Art, ihrem gesunden Menschenverstand und
nie versagendem Humor 45 Jahre lang die ideale Lebensgefährtin des
kühnen, unverbesserlich optimistischen Immanuel. In den ersten Ehejah-
ren wurden drei Söhne geboren: Robert Hjalmar (1829), Ludvig Immanuel (1831) und Alfred Bernhard.

Immanuel Nobel ließ sich jedoch nicht unterkriegen. 1835 gründete er
die erste Gummifabrik Schwedens, in der er elastische Gewebe, chirur-
gische Geräte und Tornister herstellte, die auch als Matratze, Schwimm-
weste und Schlauchboot verwendbar waren. Da der Erfolg ausblieb und
auch der Versuch, die schwedische Regierung für mit Schwarzpulver ge-
füllte hölzerne Minen zur Landesverteidigung zu interessieren, fehl-
schlug, war Immanuel, von den Gläubigern bedrängt, gezwungen, außer
Landes eine Existenz aufzubauen. Die Familie – die drei Söhne waren
acht, sechs und vier Jahre alt – ließ er zunächst zurück.

Als «Mechanikus I. Nobel» ließ er sich 1837 in der finnischen Hafenstadt Åbo (Turku) nieder und baute als Architekt und Baumeister eine Reihe von heute noch erhaltenen schönen Häusern. Da Finnland damals ein autonomes Großfürstentum des russischen Zaren war, erscheint Immanuels Übersiedlung in die damalige russische Hauptstadt St. Petersburg im Jahre 1840 verständlicher. Dort war General Ogarev, Kommandeur der Pioniertruppen, auf seine Experimente mit Sprengminen aufmerksam geworden. Für ihre erfolgreiche Vorführung zu Lande und zu Wasser vor dem Kriegsminister Tschernitschew, Feldmarschall Fürst Paskewitsch und dem Zaren Nikolaus I. persönlich erhielt Immanuel eine Geldprämie, die ihm die Gründung der Firma «Ogarev & Nobel, autorisierte Gießerei und Radfabrik» – zusammen mit General Ogarev – ermöglichte. Der Grund für die Förderung durch den Zaren lag unter anderem darin, daß Rußland, insbesondere die russische Armee, technisch unbefriedigend ausgerüstet war; der rührige Immanuel konnte originelle Vorschläge und Erfindungen anbieten.

Die in Stockholm zurückgebliebene Familie Immanuels führte inzwischen ein ärmliches Leben; nur der Glaube an den Vater, die Hoffnung auf seine Rückkehr und auf bessere Verhältnisse ließ sie durchhalten. Die tapfere Mutter Alfreds, Andriette, verdiente in fünf langen Jahren mit einem kleinen Milch- und Gemüsegeschäft den Lebensunterhalt. Robert Nobel schilderte später die Notsituation: «In meiner schrecklichsten Erinnerung ist eine Begebenheit aus dieser Zeit. Meine Mutter hatte mir eine kleine Münze gegeben, mit der ich unser Abendessen einkaufen sollte. Ich aber hatte diese kleine Münze verloren.»[1]* Er verkaufte damals auf der Straße Streichhölzer, um der Mutter zu helfen.

Alfred Nobel war während dieser Zeit fast ununterbrochen krank, und nur die liebevolle Fürsorge der Mutter hielt ihn am Leben. In seinem später, mit achtzehn Jahren geschriebenen Gedicht *The Riddle* (Das Rätsel) schildert er dies so: *Meine Wiege glich einem Totenbett, und jahrelang wachte eine Mutter in ewig angstvoller Liebe, um das zitternde Flämmchen zu hüten, so gering die Hoffnung auch war.*[2] Er war zu schwächlich, um mit anderen Kindern zu spielen. Erst im Alter von acht Jahren besuchte er – nur für ein Jahr – die «St. Jakobs Höhere Apologistenschule» in Stockholm. Es sollte sein einziger öffentlicher Schulunterricht bleiben. Auf Grund seines Fleißes und seiner Auffassungsgabe erhielt er die besten Noten; unter 82 Mitschülern wurde er wegen besonderer Fähigkeiten als einer der drei besten ausgezeichnet.

Nach fünf Jahren der Trennung traf 1842 der ersehnte Brief des Vaters aus St. Petersburg ein. Robert war nun dreizehn, Ludvig elf und Alfred neun Jahre alt, als sie mit ihrer Mutter das Segelschiff nach Åbo nahmen und dann mit der Postkutsche nach St. Petersburg weiterzogen. Das glückliche Familienleben setzte sich dort fort.

* Die hochgestellten Ziffern verweisen auf die Anmerkungen S. 140f.

Der phantasiereiche Vater stellte in seiner nun wieder gutgehenden Firma eine vielseitige Produktpalette her: selbstdachte Maschinen zur Fertigung hölzerner Wagen- und Kanonenräder, Warmwasser-Zentralheizungen, Dampfmaschinen für Schraubendampfer sowie Land- und Seeminen. Der alte Nobel erwarb sich den Ruf, einer der fähigsten Ingenieure Rußlands zu sein. Er konnte seine Schulden abtragen, ein Haus bauen. Monatlich 21 000 Silberrubel zahlte er damals an Löhnen aus. 1848 schrieb er an seinen Schwager Ludvig Ahlsell in Schweden: «Wenn meine Söhne sich einigen und zusammen fortsetzen, was ich begonnen habe, glaube ich, daß ihnen mit Gottes Hilfe das tägliche Brot nicht fehlen wird, denn hier in Rußland ist noch viel zu machen. Sogar ich, obschon alt, hoffe, wenn es gut geht, in ein paar Jahren Dich, der so viel für mich getan hat, von Deinen Schulden befreien zu können, wenn Du dann noch einige Schulden und Sorgen haben solltest.»[3]

Immanuel konnte seinen Söhnen nun – bis 1849/50 – Privatunterricht durch angesehene Lehrer geben lassen, unter anderem durch den russischen Chemieprofessor Nikolaj Sinin (1812–80) in Chemie und den Schweden B. Lars Santesson (1789–1853) in schwedischer Sprache und in Geschichte.

Den wißbegierigen Alfred haben die naturwissenschaftlichen, schöngeistigen sowie auch die politischen Ansichten seiner Lehrer sicherlich beeinflußt. Seine schon in der Stockholmer Schule an den Tag gelegte zeichnerische Begabung trat wieder hervor. Er brachte sich selbst fundierte Sprachkenntnisse bei: neben Schwedisch und Russisch sprach er Deutsch, Englisch und Französisch. Zur Übung übersetzte er Voltaire ins Schwedische, dann ins Französische zurück und verglich mit dem Originalwerk. Daneben betätigte sich Alfred als umsichtiger und verständnisvoller Gehilfe seines Vaters. Die Zusammenarbeit zwischen dem Vater und den drei Söhnen war beispielhaft. Robert war der Kaufmann, später Geschäftsführer, Ludvig der Ingenieur, zuständig für Verbesserungen der Produktion, Alfred fungierte als Assistent seines Vaters, der nie eine chemische Ausbildung genossen hatte, im Laboratorium. Obwohl Alfred häufig unter Schwächeanfällen litt, beteiligte er sich wesentlich an den sprengtechnischen Versuchen Immanuels.

Alfred war in der Familie früh anerkannt. Der Vater schrieb an Ahlsell: «... mein guter und fleißiger Alfred verfügt über ein großes Wissen und eine unermüdliche Schaffenskraft, in der ihm keiner gleichkommt. Wir, seine Eltern und auch seine Brüder, haben deshalb größten Respekt vor ihm.»[4] Der Stolz des Vaters auf seine Söhne geht auch aus folgendem Vergleich hervor, den er ebenfalls seinem Schwager mitteilte: «Nach meiner Meinung hat Ludvig das meiste Genie, Alfred den größten Fleiß und Robert den meisten Spekulationsgeist.»[5]

In St. Petersburg wurden drei weitere Kinder, Rolf, Betty und Emil Oskar geboren, von denen nur der letztgenannte die Kindesjahre überlebte. Wie seine Brüder erwies sich auch er als technisch begabt.

Im Jahre 1850 wurde Alfred, erst siebzehn Jahre alt, von seinem inzwischen wohlhabenden Vater beauftragt, eine zweijährige Studienreise mit Aufenthalten in Schweden, Deutschland, Frankreich, Italien und Nordamerika zu unternehmen. Er sollte zum Nutzen der väterlichen Firma Eindrücke, Kenntnisse, Ideen und Erfahrungen mit nach Hause bringen, vor allem auf chemischem Gebiet und in der Sprengstofftechnik. Alfred Nobels schwedischer Biograph Professor Henrik Schück schreibt: «Briefe, die aus dieser Zeit erhalten sind, zeigen uns das Bild eines frühreifen, intelligenten, jedoch kränklichen, verträumten und selbstkritischen jungen Mannes, dessen Hang zur Einsamkeit nicht zu übersehen ist.»[6]

Über Schweden und Deutschland gelangte Alfred nach Paris, über dessen gesellschaftliches Leben er 1851 – in der Zeit zwischen König Louis-Philippe und Napoleon III. – urteilt: *Eine Szenerie, von der man sich angeekelt abwendet.*[7]

Es ist bemerkenswert, daß Alfred Nobel den berühmten Chemieprofessor Justus von Liebig in Gießen nicht aufsuchte, hingegen aber im Laboratorium des hochangesehenen Chemikers Prof. Théophile Jules Pelouze (1807–67) in Paris arbeitete. Abgesehen davon, daß Alfred hier erstmals internationale Forschungsluft schnuppern konnte, befaßte man sich in Pelouzes Laboratorium mit explosiven Substanzen: Durch Nitrierung von Papier gelangte man zu einem Pergament-ähnlichen Material, dem «Pyroxylin», ein Schritt auf dem Weg zu der später entdeckten Schießbaumwolle.

In Nordamerika interessierte sich Alfred für Maschinentechnik. Er verkehrte im Haus des nach New York übergesiedelten Schweden Kapitän John Ericsson (1803–89), der durch die Erfindung der Heißluftmaschine, Verbesserung der Schiffsschraube und Entwicklungen in der Dampf- und Heißlufttechnik berühmt geworden war. Später baute er das erste Panzerschiff der Welt namens «Monitor», das die Nordstaaten im amerikanischen Bürgerkrieg erfolgreich einsetzten. Alfred nahm Anregungen und Pläne für Dampf- und Heißluftantriebe mit, mit denen sich auch der Vater beschäftigt hatte. New York hat den jungen Nobel sicher stark beeindruckt, die Einwandererströme, das Goldfieber, der nahende Bürgerkrieg, die umwälzende industrielle Entwicklung, aber auch die amerikanische Art des Geschäftemachens. Manches dürfte seinem Ordnungssinn und seinem Bedürfnis nach Ruhe widersprochen haben. Über Italien, dessen Riviera er schätzte, konnte er im Bewußtsein, die Zeit gut genutzt zu haben, 1852 zurück zur Familie nach St. Petersburg reisen.

Den Arbeitseifer, seine durch die Sprachkenntnisse geförderten literarischen Neigungen, aber auch seinen Hang zur Zurückgezogenheit hatte er nicht verloren. Dichter und Philosophen wie Lord Byron und Percy B. Shelley, die er bevorzugte, aber auch Shakespeare, Maupassant, Voltaire, Björnson, Ibsen, hatten es ihm angetan. 1851 entstand das Gedicht *The Riddle*, in dem Alfred Nobel sein bisheriges Leben idealisiert darstellt. Das Gedicht endet mit der Beschreibung einer unglücklichen Liebe:

Du sagst, ich sei ein Rätsel – es mag sein, / für uns alle sind Rätsel uner-klärbar. / Schmerzgeboren, endend in tiefer Pein, / was ist, atmende Ge-stalt aus Lehm, dein Auftrag hier? / Unsere Nichtigkeit sucht uns an die Erde zu / ketten, indes, hehre Gedanken streben / himmelwärts, daß wir von der Unsterblichkeit / träumen, bis die Zeit über leere Visionen / den hüllenden Schleier zieht. / Und ein neues Leben beginnt – das Leben eines Wurms, / jenes Plünderers der Menschenwelt. / So wie wir der Wahrheit als einem Phantom / nachjagen, schwindet die Hoffnung dahin: / Vergessen um zu vergessen – das ist alles? / Heute ein Geist mit der Kraft zu handeln und / zu fühlen, ein Spiegel des Alls, worin / sich die Strahlen der Schöp-fung bündeln. / Heute ein Herz, das sich in Liebe verzehrt, / daß es scheint, daß jenes Band, das Seele um / Seele vereint, Religion sei, doch strahlender. / Heute dies – morgen ein kalter Leichnam, / schlechter noch als Lehm, welcher stinkt und / fault. Liebe Hände mögen Blumen streuen, / liebe Augen mögen weinen über Asche und Staub. / Was aber bleibt von ihrer Liebe, / wenn alles, was war, zu Ende ist?[8]

Krimkrieg und
Nachkriegsjahre in St. Petersburg

Vater Immanuels Fabrik, deren Alleininhaber dieser bald wurde, florierte. 1853, ein Jahr bevor England und Frankreich der Türkei im Kampf gegen den Zaren zu Hilfe kamen, wurde Immanuel, obwohl Ausländer, vom Zaren mit der «Kaiserlichen Medaille für Fleiß und Kunstfertigkeit» ausgezeichnet. Als 1854 der Krimkrieg ausbrach, gehörte die Fabrik zu den wichtigsten Unternehmen, die, auf Grund von Staatsaufträgen, die russischen Streitkräfte ausrüsten mußten. Der Vater erweiterte die Firma zu den «Fondéries & Ateliers Mécaniques Nobel & Fils» – Alfred wurde wie seine Brüder Firmenangestellter. Große Dampfmaschinen für die ersten russischen Schraubendampfer, Teile für die erste Eisenbahn des Landes, aber auch Geschütze und Schnellfeuergewehre wurden angefertigt. Vom Vater und den Söhnen Robert und Ludvig selbstkonstruierte Maschinen wie Radnabenschneider «Modell Nobel», Drehbänke usw. wurden eingesetzt. Heißwasser-Zentralheizungen für Hotels und Krankenhäuser wurden eingeführt, nachdem sie zuerst im eigenen Haus erprobt worden waren.

In Immanuel Nobels Fabrik, die in besten Zeiten rund tausend Arbeiter beschäftigte, sind außerdem Land- und Seeminen mit Ladungen aus Schwarzpulver und Schießbaumwolle hergestellt worden. Letztere war Ende der vierziger Jahre fast gleichzeitig und unabhängig voneinander von Christian Schönbein in Basel, Rudolph Böttger in Frankfurt am Main und Julius Otto in Braunschweig entdeckt worden. Der Chemiehauslehrer der Nobels, Professor und General Sinin, hatte Vater Nobel und seinen chemiebegeisterten Sohn Alfred auf die Arbeiten Schönbeins hingewiesen und ein Treffen mit diesem in St. Petersburg arrangiert.

Schon in Schweden hatte Immanuel Pläne «zur Vernichtung eines zu Wasser oder zu Lande angreifenden Feindes aus beträchtlicher Entfernung» ausgearbeitet, wozu pulvergeladene Behälter eingesetzt werden sollten. Ogarev war es gelungen, das Kriegsministerium zur finanziellen Unterstützung weiterer Versuche auf diesem Gebiet zu bewegen. 1842 bewilligte der Zar 3000 Silberrubel. Später konnte Ogarev an das Kriegsministerium schreiben: «Außerdem hat Nobel Ende 1844 in meinem Beisein ein Experiment ausgeführt, mit einem Pulverapparat besonderer Konstruktion ein Stück Land in die Luft zu sprengen, und zwar mit vollständigem Erfolg.»[9] Die Pläne ruhten bis zum Krimkrieg in den Archi-

Robert Nobel

ven. Nachdem sich Entwicklungen anderer russischer Firmen als weniger tauglich erwiesen hatten, beauftragte das Heeresoberkommando – unter Umgehung des Marineministeriums – die Firma Nobel mit der Verminung der finnischen Häfen und der vereisten Zufahrt zum Kriegshafen St.Petersburgs. Sie erwies sich nach einigen Minenexplosionen als so abschreckend, daß ein englisch-französischer Flottenverband vor Kronstadt aus Respekt vor den «Höllenmaschinen» abdrehte. Immanuel, stolz auf seinen Erfolg, brachte einen kostspielig kolorierten, handgeschriebenen Band über das «Seeverteidigungs-System für Meerengen und Häfen ohne kostspielige Befestigungsanlagen und unter Einsparung von Menschenleben»[10] heraus, dessen französischer Text dem jungen Alfred Nobel zugeschrieben wird.

Über die Petersburger Nobel-Werke sagte Ludvig später: «Niemals wurde in einem Ingenieurbetrieb mehr Eifer und größere Vielseitigkeit an den Tag gelegt als hier während der Jahre von 1854 bis 1860. Es waren

Jahre unaufhörlichen, fieberhaften Schaffens – und doch glaube ich nicht, daß ein großes Werk jemals später so schlecht belohnt wurde.» [11]

Der Rückschlag bahnte sich mit dem Tod des Zaren Nikolaus I. während der Belagerung von Sewastopol und der Niederlage Rußlands an, die 1856 mit dem Vertrag von Paris besiegelt wurde. Der Thronfolger Alexander II. ließ die Lieferverträge der Firma Nobel annullieren. Diese versuchte sich mit der Ausrüstung von Schiffen mit Dampfmaschinen nach Entwürfen von Immanuel und Ludvig über Wasser zu halten. Zwanzig dieser Dampfer nahmen erstmals den Linienverkehr auf der Wolga und im Kaspischen Meer auf. Wegen mangelnder Aufträge waren nun aber Zahlungsschwierigkeiten nicht abzuwenden. Die russischen Banken zeigten den Ausländern die kalte Schulter. Der Auslands-erfahrene Alfred wurde nach Paris und London gesandt, um dort Kredite zu erbitten. Obwohl Professor Pelouze ihm ein Treffen mit J. Pereire, dem Bankier Kaiser Napoleons III., ermöglichte, mußte Alfred ohne jede finanzielle Zusage heimkehren. Damit war Immanuel, nun fast 60 Jahre alt und nach neunzehnjähriger Arbeit in Rußland, gezwungen, zum zweitenmal in seinem Leben Konkurs anzumelden.

Arm wie bei der Ankunft verließ Immanuel mit Frau Andriette und dem jüngsten Sohn Emil Rußland, zu dessen Industrialisierung er wesent-

Alfred (links) und Ludvig Nobel in St. Petersburg

Ludvig Nobel

lich beigetragen hatte und dem St. Petersburg und Kronstadt ihre Unversehrtheit im Krimkrieg verdankten. Er kehrte in die Heimat, nach Stockholm, zurück.

In dem Landgut «Heleneborg» mietete der ungebrochene Immanuel einige Zimmer, richtete dort sofort ein Laboratorium ein und arbeitete mit Emil an Sprengstoffen und auf Grund einer Anregung von Prof. Sinin auch an der Nutzbarmachung des Nitroglycerins.

Die Brüder Robert, Ludvig und Alfred Nobel blieben in St. Petersburg zurück; laut Kassenbuch hatten sie einen Rubel fürs tägliche Brot zur Verfügung. Robert wurde mit der Liquidation betraut, Ludvig führte die väterliche Fabrik im Auftrag der Gläubiger bis 1862 weiter.

Robert beschäftigte sich dann zunächst mit der Verwertung feuerfesten Tons, danach mit dem Bau eines Dampfschiffes. 1861, nach der Heirat mit Pauline Lenngren, einer vermögenden finnischen Kaufmannstochter, zog er 1862 nach Helsingfors (Helsinki), gründete eine Ziegelbrennerei und anschließend die Lampen- und Leuchtölfirma «Aurora».

Ludvig, der 1858 seine Cousine Mina Ahlsell geheiratet hatte und dem im Konkursjahr 1859 ein Sohn Emanuel geboren wurde, mietete nach der Liquidation eine kleine mechanische Werkstatt in Icherword zwischen St. Petersburg und Wiborg, kaufte sie dann auf und baute sie, nachdem wieder Staatsaufträge eingingen, zu einem Großunternehmen für Werkzeugmaschinen und Waffen aus. 1871 übernahm er die staatliche Gewehrfabrik in Ischewsk bei Perm.

Alfred, der mit Robert im Büro der alten Firma wohnte, litt noch immer unter seiner schwachen Konstitution. Schon 1854 war er zur Erholung nach Franzensbad und Eger geschickt worden; auf dieser Reise besuchte er auch die Ahlsells in Stockholm und Dalarö und erledigte in Berlin Geschäftliches. 1856 hatte der besorgte Vater an seinen Schwager Ahlsell geschrieben: «Gott gebe, daß ich meinen fleißigen Alfred erst wieder mit seiner Gesundheit so auf den Beinen habe wie Ludvig.» [12] Nach großen Anstrengungen litt Alfred fast regelmäßig unter Erschöpfungszuständen.

Die Zähmung des Nitroglycerins

Alfred hatte sich während und nach dem Niedergang der Firma des Vaters immer wieder mit chemisch-technischen Experimenten befaßt, bevorzugt mit Explosivstoffen. 1857 meldete er in St. Petersburg sein erstes Patent an, ein Gasmeßgerät. Ein Jahr später folgte ein Apparat für Flüssigkeitsmessungen und ein verbessertes Barometer/Manometer. Während diese Patente keinerlei Bedeutung erlangten, sollte Alfred Nobels Beschäftigung mit dem erst 1847 von dem Italiener Ascanio Sobrero (1812–88) entdeckten Nitroglycerin [13] zum Wendepunkt im Leben der ganzen Familie Nobel werden.

Von den russischen Professoren Nikolaj Sinin und Julij Trapp, einem Pharmakologen, hatten Alfred und sein Vater 1853 erstmals von Sobreros «piroglicerina» gehört und die gewaltige Explosionskraft miterlebt. Beide waren von da an überzeugt von der Zukunft dieses Stoffes.

Sobrero hatte bei Justus von Liebig in Göttingen, dann bei Théophile Pelouze in Paris Chemie studiert. In Turin stellte er 1847 durch Einwirkung eines Salpetersäure-Schwefelsäure-Gemisches auf Glycerin das Nitroglycerin dar. Er berichtete seinem Lehrer Pelouze von der Entdeckung und trug an der Wissenschaftlichen Akademie in Turin darüber vor. Die «Sprengflüssigkeit» erregte Aufsehen; ihre unberechenbare Explosivität und ihre Empfindlichkeit gegenüber Erschütterungen oder Schlag machten die Forscher jedoch ratlos. Sobrero selbst erlitt beim Experimentieren mit einem Tropfen der ölig-viskosen Substanz erhebliche Gesichtsverletzungen: «Ein Tropfen, auf Platinblech erhitzt, entzündet sich und verbrennt heftig. Es hat indessen die Eigenschaft, unter gewissen Umständen mit großer Gewalt zu detonieren. Bei einer Gelegenheit verdunstete eine kleine Menge Aetherlösung von Pyroglyzerin in einer Glasschale. Der Rückstand von Pyroglyzerin war sicher nicht mehr als zwei oder drei zehntel Gramm. Als die Schale über einer Spirituslampe erhitzt wurde, trat eine äußerst heftige Explosion ein, und die Schale wurde in kleine Stücke zerschmettert. Bei einer anderen Gelegenheit wurde ein Tropfen in einem Probierrohr erhitzt und explodierte dabei mit solcher Heftigkeit, daß die Glasscherben mich tief in Gesicht und Hände schnitten und auch andere verletzten, die in einiger Entfernung im Zimmer standen.»

Trotz der Gefährlichkeit machte sich Sobrero Gedanken über Anwendungsmöglichkeiten: «Welche Anwendung diese Flüssigkeit, die durch

Ascanio Sobrero, der Entdecker des Nitroglycerins

Schlag explodiert, einmal finden wird, darüber kann man noch nichts sagen, und erst die Erfahrungen der Zukunft können das zeigen.»[14] Nach der Explosion von 400 Gramm der verwandten Verbindung Nitromannit[15] im Turiner Arsenal im Jahre 1853, bei der beträchtlicher Schaden entstand, hatte Sobrero allerdings resigniert. Nichtsdestoweniger kommt ihm und dem holländischen Chemiker J. E. de Vrij das Verdienst zu, die physiologischen Wirkungen des Nitroglycerins erkannt zu haben.[16] In verdünnter alkoholischer Lösung wird es heute noch als Pharmazeutikum bei Angina pectoris, Lungenödem, Koronarsklerose, spastischer Migräne und anderen Indikationen angewandt.[17]

Alfred Nobel als Dreißigjähriger

Nobel hat Sobreros entscheidende Entdeckung immer voll anerkannt. Er berief ihn zwanzig Jahre später als gutdotierten wissenschaftlichen Berater und Fabrikdirektor und versorgte später die Witwe des Entdeckers mit einer großzügigen Pension.

Alfred Nobel arbeitete nun wie sein Vater an der Nutzbarmachung des Nitroglycerins, dessen größte Nachteile – abgesehen von der flüssigen Konsistenz – die unkontrollierte Explosion und damit die gefährliche Handhabung waren. Dem seit 1527 für Sprengungen eingesetzten, aus Kohlenstoff, Schwefel und Salpeter bestehenden Schwarzpulver war es jedoch an Explosionskraft weit überlegen. Eine Reihe von Wissenschaftlern einschließlich Sobrero war daran gescheitert, daß das Nitroglycerin nicht wie Schwarzpulver oder Schießbaumwolle durch einfaches Anzünden zur Explosion gebracht werden kann, sondern daß *nur der vom Hammer getroffene Teil explodierte, ohne daß sich die Explosion ausbreitete*[18]. Es war daher schwierig, Nitroglycerin in größeren Mengen kontrolliert explodieren zu lassen.

Immanuel Nobels Seemine mit Schwarzpulver/Schießbaumwolle-Ladung

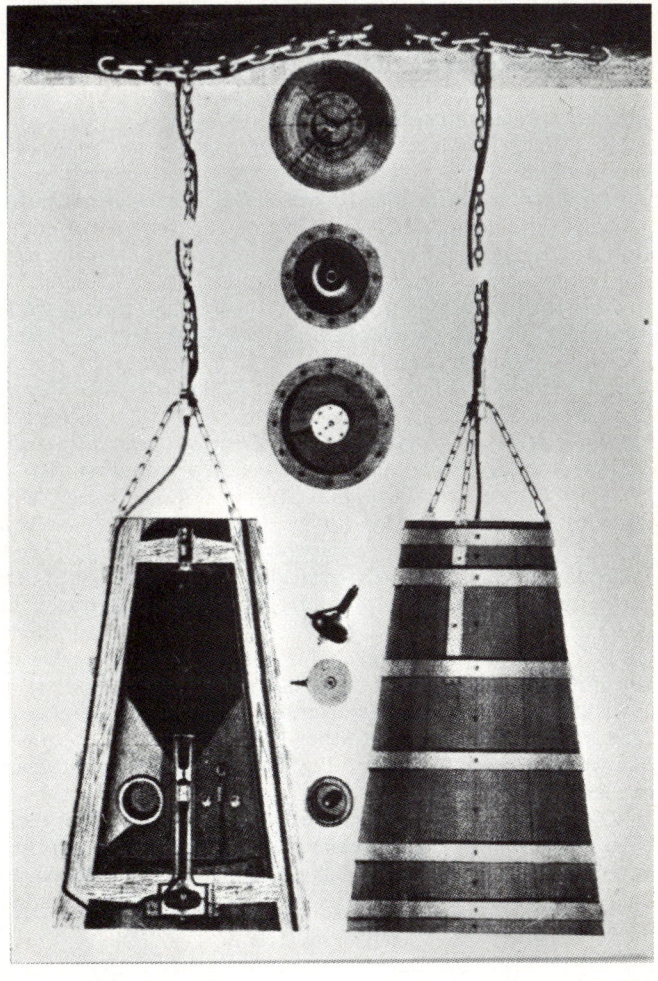

Auch die Unglücksfälle in Schießbaumwoll-Fabriken in England und Österreich ließen die Entwicklung neuer sicherer Explosivstoffe wichtig erscheinen. Um Versuche in größerem Maßstab durchführen zu können, wurde Alfred 1861 wieder nach Paris gesandt. Diesmal erhielt er vom Bankhaus Napoleons III. ein Darlehen von 100000 Francs zur «Erforschung des Nitroglycerins». Damit errichtete der Vater einen Versuchsbetrieb auf Heleneborg, in dem er als erster fabrikmäßig ein mit zehn Prozent Nitroglycerin versetztes Schwarzpulver mit erhöhter Sprengkraft herstellte. Dadurch glückte es ihm, das Nitroglycerin zur Explosion zu bringen, jedoch nur, wenn die Mischung frisch zubereitet war. Die Pulvermischung erwies sich bei Versuchen auf der Festung Karlsborg als für Feuerwaffen ungeeignet, wodurch das Interesse der schwedischen Militärbehörden schwand. Alfred erkannte die Probleme: Die Explosion mußte nach Wunsch auslösbar und die Handhabung ohne Beeinträchtigung der Sprengkraft sicher sein.

Im Frühjahr 1862 führte Alfred Nobel in Gegenwart seiner Brüder Robert und Ludvig in St.Petersburg erste Sprengversuche mit Nitroglycerin unter Wasser im Newka-Kanal durch. Dabei hatte er ein mit Nitroglycerin gefülltes verschlossenes Glasrohr in einen Schwarzpulver enthaltenden Holzzylinder gebracht und das Pulver mit einer Zündschnur gezündet. Die Detonation warf eine gewaltige Wassersäule auf. Seinem Vater, der von der Trennung des Nitroglycerins vom Pulver – ebenso wie Robert – nichts hielt und sich darüber lustig machte, schrieb er: *Da beschloß ich, mich nicht mehr am Gängelband leiten zu lassen, sondern einen anderen Weg zu suchen, um ohne Kollisionen und Unannehmlichkeiten mein Ziel zu erreichen. Durch theoretische Untersuchung des Vorganges bei der Explosion kam ich auf ein ganz anderes Prinzip, das ich schon geahnt hatte, als das, welches Deiner Anwendung von Glycerinpulver zugrunde lag; nämlich daß, wenn man eine ganz geringe Menge von Pyroglycerin (Nitroglycerin) zu einer Explosion bringt, diese sich durch einen Schlag und durch die Wärme durch die ganze Masse fortpflanzen muß.*[19] Die Idee der Initialzündung, bei der eine Sprengladung durch eine kleine Menge eines leichter entzündbaren Explosivstoffs gezündet wird, erwies sich als ausbaufähig und muß als größter Fortschritt in der Sprengstofftechnik seit der Erfindung des Schwarzpulvers angesehen werden. Sie erscheint heute von größerer Bedeutung als die Erfindung des Dynamits selbst.

Als der Vater mit seinen Pulvermischungen nicht weiterkam, rief er 1863 Alfred zu gemeinsamen Arbeiten nach Stockholm. Der nun dreißigjährige Alfred experimentierte Tag und Nacht still, aber verbissen in dem gemieteten Laborraum seines Vaters. Ein Ingenieur, ein Laufbursche und ein Dienstmädchen waren das Personal. Der jüngste Bruder Emil, der ab Frühjahr 1864 in Uppsala Chemie studierte, half in seiner Freizeit begeistert mit. Es galt, sowohl den Initialzünder als auch das nach wie vor unberechenbare Nitroglycerin selbst sicher und einfacher handhabbar zu machen.

Emil Nobel

«Nobels Patent-Sprengöl» und «Nobels Patentzünder»

Am 14. Oktober 1863 erhielt Alfred Nobel sein erstes schwedisches Patent für seine «Methode zur Herstellung von Schießpulver». Das nächste folgte am 15. Juli 1864. Das «Schießpulver» war allerdings nichts anderes als Nitroglycerin, das Alfred durch *langsames Zugeben von Glycerin zu einer Mischung aus Schwefelsäure und Salpetersäure oder von Schwefelsäure und salpetersaurem Natrium* [20] herstellte. [21] Dieses wurde als «Nobels Patent-Sprengöl» auf Heleneborg hergestellt und erfreute sich in Kombination mit «Nobels Patentzünder» lebhafter Nachfrage.

Bei der Patenterteilung an Alfred kam es zu Differenzen mit dem eigenwilligen Vater, der sich als Erfinder des neuen Sprengmittels ansah

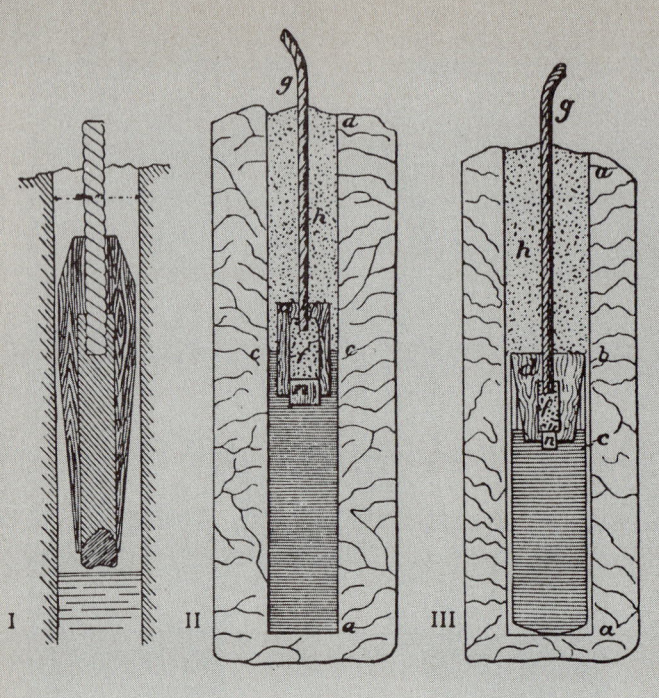

Nobels Patent-Initialzünder. I: Anfängliche Ausführung; II: Späterer Typ, bei dem der Zünder in ein mit Nitroglycerin beschicktes Bohrloch eingeführt wird; III: Patrone für Nitroglycerin mit eingesetztem Zünder. a: Umgebendes Gestein, b: Papphülse, c: Nitroglycerin-Ladung, d: Zünderhülse (aus Holz), f: Schwarzpulverladung des Zünders, g: Zündschnur, h: Verdämmung

und die Nutzbarmachung des Nitroglycerins selbst beanspruchte. Nach Vermittlung durch die lebenskluge Mutter – und wohl auch durch Emil – lenkte der Vater ein. «Aber mein kleiner Alfred findet wohl, daß Alterchens Kränklichkeit die Hauptursache für seine manchmal überreizte Laune ist»[22], schrieb die Mutter während des Zwists an ihren Sohn Alfred.

Den Zünder hatte Alfred dadurch verbessert, daß er jetzt umgekehrt als zuvor das Schwarzpulver – in einem verschlossenen Zylinder mit Zündschnur versehen – in einen größeren mit Nitroglycerin gefüllten Behälter steckte, der gleichfalls verschlossen wurde. Später wurde der Holz- durch einen Metallzylinder, das Schwarzpulver durch Knallquecksilber ersetzt. Mit der Entwicklung des Zündhütchens – das nach dem Prinzip der Initialzündung mit der ersten Explosion, der des Zündhütchens, eine zweite, die des Nitroglycerins, auslöste – waren die ersten verwertbaren Sprengkapseln erfunden. Massenherstellung und Einsatz in großem Stil waren nun möglich. In den Steinbrüchen bei Stockholm und in drei schwedischen Gruben durchgeführte Sprengversuche sowie Einsätze beim Eisenbahnbau demonstrierten die Überlegenheit der neuen Sprengmethoden. Heleneborg wurde ausgebaut.

Die Katastrophe von Heleneborg

Das Sprengöl war aber noch nicht betriebssicher, wie sich am 3. September 1864 auf entsetzliche Weise zeigte. Die Fabrik wurde durch eine verheerende Explosion völlig zerstört. Unter den fünf Toten war außer dem Ingenieur, dem Laufburschen, dem Dienstmädchen und einem Arbeiter auch Emil, der jüngste Sohn Immanuel Nobels. 300 Pfund Nitroglycerin sollen damals in die Luft geflogen sein. Die Ursache konnte nie genau geklärt werden. Die Öffentlichkeit wurde jedoch durch die so vor Augen geführte Brisanz des Nitroglycerins aufgeschreckt. Herstellung und Lagerung des Sprengöls in der Nähe besiedelter Gebiete wurden in Schweden sofort untersagt.

Vater Immanuel verkraftete die Katastrophe nicht, er erlitt am 6. Oktober 1864 einen Schlaganfall, der ihn physisch zum Wrack machte. Die

Heleneborg nach der Katastrophe von 1864

Mutter schrieb etwas später an Alfred: «Aber das Alterchen fängt schon an zu phantasieren, und darüber kann man sich nicht wundern, ein so einförmiges und klägliches Leben, wie es der arme Papa führt. Vier Monate zu Bett liegen und nicht einmal im Liegen eine einzige Bewegung ohne Hilfe machen können – das heißt die Geduld eines armen alten Mannes auf die Probe stellen.»[23]

Der einunddreißigjährige Alfred trug nun allein die Verantwortung. Obwohl er selbst zu kämpfen hatte – es gab viele Verhandlungen wegen der behördlichen Einschränkungen –, schickte er Geld für einen Kuraufenthalt der Eltern in Norrtälje, einem Seebad bei Stockholm.

Geistig war der Vater nicht unterzukriegen; im Krankenhaus arbeitete er noch sieben Jahre lang an neuen Plänen. Mit Weitblick formulierte er geradezu moderne Ziele: «Arbeit und ein Existenzminimum für Tausende von Arbeitslosen in Schweden beschaffen, um damit dem zunehmenden Auswanderungsfieber Einhalt zu gebieten. Gleichzeitig sollen sie der unwürdigen Verwüstung von Rohmaterial vorbeugen.»[24] Er schlug vor, das damals unbekannte Sperrholz zur Herstellung von Reisekoffern, Kinderwagen, Parkettböden, Fertighäusern und Särgen – letztere mit Luftlöchern als Chance für die Scheintoten – zu verwenden. Er scheint auch als erster die – weniger schöne – Idee gehabt zu haben, Seehunde zum Auslegen von Wasserminen zu dressieren. Für seine Wasser- und Landminen warb er erneut mit drei je fünfzigseitigen Bänden, die jeweils acht handgemalte Tusche- und Wasserfarben-Tafeln enthielten. Er war ein phantasiereicher Erfinder, der allerdings Realität und Utopie nicht hinreichend auseinanderhalten konnte oder wollte. Große Freude dürfte ihm 1868 die Verleihung des Letterstedt-Preises der Schwedischen Akademie der Wissenschaften an ihn und Alfred bereitet haben.

Nitroglycerin-Fabrikation auf einem Lastkahn im Bockholmsund/Malärsee

Die erste Nitroglycerin-Fabrik der Welt in Vinterviken, um 1870

1871, ein Jahr vor seinem Tod, schrieb er Alfred mit ungebrochener Zuversicht, er werde eine Erfindung herausbringen, «die ihn mindestens für die nächsten Jahrhunderte zum Diktator über Krieg und Frieden in der ganzen Welt»[25] machen würde. Am 26. Dezember 1871 ließ er in seinem letzten Brief schreiben: «Eine herzliche Umarmung senden Dir als Letzte in diesem Jahr Deine alten Eltern, die sich darüber freuen, solche Söhne zu besitzen, die uns nur Freuden und niemals Sorgen machen.»[26]

Nach der Katastrophe von Heleneborg riet der Bruder Robert aus Helsingfors im Mai 1864: «Guter Alfred, verlaß so schnell wie möglich die verdammte Erfinderlaufbahn, sie bringt nur Unglück. Du hast so große Kenntnisse und so viele hervorragende Eigenschaften, daß Du Dich auf ernsthaftere Weise durchsetzen mußt.»[27] Aber Alfred dachte keineswegs ans Aufgeben, zumal die Explosion auch die Möglichkeiten zur Erdbewegung deutlich machte.

Da die Produktion auf Heleneborg verboten war, experimentierte Alfred Nobel – mit lächerlich primitiven Apparaturen – auf einem Lastkahn (Prahm), der von Behausungen weit entfernt im Bockholmsund des Malärsees verankert war. Der steigenden Nachfrage durch Bergwerke und Tunnelbauer konnte erst entsprochen werden, als nach Vermittlung von Alfreds Tante der schwedische Millionär Generalkonsul Johann Wilhelm

Alarik Liedbeck

Smitt und der schwedische Kapitän Carl Wennerström für Investitionen gewonnen wurden. Schon wenige Wochen nach dem Explosionsunglück, am 22. Oktober 1864, wurde die «Nitroglycerin Aktiebolaget» mit einem Kapital von 125 000 Kronen gegründet; die beiden Geldgeber wurden Mitdirektoren. In dem Flecken Vinterviken bei Stockholm entstand die erste richtige Nitroglycerinfabrik der Welt. Sie arbeitete nach der sogenannten «kalten Methode», bei der das Säuregemisch vor dem Glycerinzusatz mit Eis vorgekühlt wurde. Maschinen und Apparaturen wurden von Alfreds Jugendfreund Alarik Liedbeck (1834–1912) gebaut. Dieser begabte Ingenieur war zeit seines Lebens einer der zuverlässigsten Mitarbeiter.

Bald lief die Firma gut, unterstützt durch neue Werbemethoden wie Reklamebriefe. Alfred, anfangs Geschäftsführer, Fabrikationsleiter, Korrespondent und Schatzmeister in einer Person, überließ die Leitung der Firma bald seinem Bruder Robert und Liedbeck, um sich mehr um die internationale Sicherung und Nutzung seiner Patente kümmern zu können. Robert hatte das «Patentsprengöl» in Finnland in Alfreds Namen patentieren lassen und im Frühjahr 1865 in Fredriksberg bei Helsingfors eine kleine Nitroglycerinfabrik in Betrieb genommen.

Alfred Nobel erhielt nun so viele Aufträge, daß er die Gründung von Zweigfabriken im Ausland in Angriff nehmen konnte. Im Frühjahr 1865 reiste er zu Vorbesprechungen nach Hamburg, am 21. Juni 1865 wurde die Firma «Alfred Nobel & Co.» – mit einem Kapital von 30000 Talern – in das Hamburger Handelsregister eingetragen. Kompagnons waren der schwedische Kaufmann Wilhelm Winckler und der Hamburger Anwalt Dr. Christian Eduard Bandmann, ein Jahr später wurde Theodor Winckler Mitinhaber und Kontorchef. Am 8. November 1865 erhielt Nobel von der «Königl. Preuß. Herzogl. Lauenb. Regierung» in Ratzeburg die Genehmigung zur Nitroglycerin-Herstellung – nicht ohne strenge Auflagen der Behörden: Die Fabrik mußte, von der Umwelt isoliert, nach allen Seiten durch 15 Fuß hohe und 20 Fuß breite Erdwälle abgeschottet werden; die Inhaber mußten für eventuelle Schäden an Menschen und Sachwerten aufkommen. «Auf dem Krümmel», bei Geesthacht, 30 Kilometer südöstlich Hamburgs am rechten Elbufer, wurde eine für 14000 Taler erworbene Lohgerberei nach Alfreds Anweisungen unter Liedbecks technischer Aufsicht umgebaut. Im Frühjahr 1866 begann die Produktion mit 50 Arbeitern.

Die rasch zunehmenden Aufträge aus Europa, Amerika, Australien zwangen zur Erweiterung der Anlagen, kaum daß sie in Betrieb waren.

Zwischen 1865 und 1867 war Alfred überwiegend in Krümmel; er behielt jedoch den Wohnsitz in Stockholm. Aufträge und Pläne für weitere Firmengründungen im Ausland, insbesondere um die Gefahren beim Transport des Nitroglycerins zu reduzieren, veranlaßten ihn zu zahlreichen Reisen. Im Sommer 1865 war er in Paris, im Herbst in Italien, im Frühjahr 1866 in New York.

1876 wurde die Firma in die «Deutsch-Österreichische Dynamit-Aktiengesellschaft, vormals Alfred Nobel & Co.» umgewandelt, ein Jahr darauf in «Dynamit-Aktiengesellschaft, vormals Alfred Nobel & Co.» umbenannt. Alfred Nobel gab nach der Übersiedlung nach Paris die Leitung des Unternehmens ab, blieb aber Aufsichtsratvorsitzender.[28]

Mit der steigenden Verbreitung des Nitroglycerins wuchsen seine Gefahren in eine neue Dimension. Anfangs wurde das Sprengöl in verzinnten Blechkanistern verschickt, die in Holzkisten verpackt wurden. Zwischenräume wurden mit Sägemehl oder mit Kieselgur, «Diatomeenerde»[29], gefüllt, die bei Hamburg gewonnen wurde. Beim Transport konnte es da-

Handelsregistereintragung — Nr. 7137 in Hamburg

Heute, Mittwoch den 21. Juni 1865, erschien H. Alfred Bernhard Nobel (Gewerbeschein für Auswärtige Nr. 478 vom 19. April d. J.) und erklärte am heutigen Tag hieselbst ein Handelsgeschäft unter der Firma Alfred Nobel & Co. als dessen alleiniger Inhaber errichten zu wollen, und versprach auch, von den zu erlegenden Circularien ein Exemplar nachträglich zur Akte zu geben.

Worauf dieses Protokoll geschlossen und von den Comparenten mit dem Herrn Deputirten und dem Registrator unterzeichnet worden.

Alfred Bernhard Nobel wird zeichnen Alfred Nobel & Co.

(Unterschrift) Richter des Handels-Gerichts
(Unterschrift) Registrator

Handelsregister-Eintragung der Firma «Alfred Nobel & Co.»

mals durchaus passieren, daß Säurereste im Sprengöl Löcher in die Kanister fraßen. Die Fuhrleute sollen das herabtropfende Nitroglycerin gelegentlich als Wagenschmiere benutzt haben! Auch als Lampenöl und Schuhputzmittel wurde es zweckentfremdet! Ein Behälter mit gefrorenem Nitroglycerin wurde mit dem Beil aufgehackt, ein undichter Sprengölkanister vom Spengler zugelötet! Kapitän Wennerström reiste in Schweden mit einem mit verkorkten Nitroglycerinfläschchen gefüllten kleinen Koffer zu Versuchssprengungen an. Es verwundert daher kaum, daß die Katastrophen nicht ausblieben:

Am 3. April 1865 kamen bei der Explosion des mit Nitroglycerin und Kriegsmaterial beladenen Dampfers «European» vor Panama 47 Menschen ums Leben. Am 4. Dezember 1865 berichtete eine New Yorker Zeitung über die Detonation einer Kiste mit in Korbflaschen abgefüllten 10 Pfund Nitroglycerins, die ein Reisender in einem Hotel abgestellt hatte. Ein Kellner hatte die inzwischen als Sitzplatz benutzte Kiste sicherheitshalber auf die Straße getragen, als sich rote Dämpfe entwickelten! Kaum war er im Hotel zurück, flog das Nitroglycerin in die Luft, wodurch die umliegenden Häuser beschädigt und die Straße metertief aufgerissen wurde. Am 4. März 1866 verwandelten zwei detonierende Kisten Nitroglycerin ein Lagerhaus in Sydney in einen Trümmerhaufen. Einen Monat später sprengte es das Lagerhaus der «Wells, Fargo & Co.» in San Francisco in die Luft. Vierzehn Menschen fanden den Tod. Nicht einmal das Werk Krümmel blieb verschont: Anfang Mai 1866 wurde es fast völlig vernichtet; ein großer Teil der Mitarbeiter einschließlich des Werksleiters fiel der Explosion zum Opfer.

Die Schreckensmeldungen erregten verständlicherweise großes öffentliches Aufsehen. In Frankreich und Belgien wurde der Besitz von Nitroglycerin untersagt. In vielen Ländern wurde der Transport verboten.

Der Gesellschafter seiner Hamburger Firma beschreibt die Situation am 3. Mai 1866 so: «Mein bester Alfred! Welcher Sturm infolge der verschiedenen Unglücksfälle, die sich ereignet haben, über uns hereingebrochen ist, brauche ich wohl nicht zu sagen ... – Im Verlauf von zwei Tagen haben die Ereignisse ... die Gemüter in dem Grad erregt, daß ich fürchten mußte, wir würden nicht mehr ein Lot Öl verfrachten können ... – In London, wohin 1250 Pfund unterwegs waren, ist die Landung verboten worden ...»[30] Gerüchte wurden verbreitet, Ascanio Sobrero sei durch die Katastrophen so erschüttert, daß er seine Entdeckung des Nitroglycerins bereue.

Alfred Nobel hielt sich im Krisenjahr 1866 drei Monate geschäftlich in den USA auf. Am 14. August erhielt er das amerikanische Patent für sein Sprengöl. Trotz der durch die Unglücksfälle ausgelösten Empörung verlangte die Erschließung Amerikas das neue Sprengöl. Die Einsatzmöglichkeiten – und die erhofften Gewinne – waren unbegrenzt. Jeder wollte mitverdienen, die Schießpulverfabriken wie «Du Pont de Nemours & Co.» sahen ihre Existenz bedroht. Hetzkampagnen und Sensationsmeldungen lösten sich in den Zeitungen ab. Da seit der ersten Nitroglycerin-Sprengung in Amerika am 15. Juli 1865 überall Nitroglycerin nach Alfred

Nobels Nitroglycerin-Fabrik Krümmel, 1866

Nobels Methode von neugegründeten Firmen illegal hergestellt wurde, mußte er seine Erfindung verteidigen.

Ein Colonel Schaffner, der ein Jahr zuvor Immanuel Nobel die Patente hatte abkaufen wollen, meldete 1865 in den USA ein eigenes Patent an, in dem er Alfred Nobels Erfindung als seine eigene ausgab. Alfred gewann jedoch den Prozeß.

Schließlich konnte er einige Firmen gründen: Die «United States Blasting Oil Co.» in New York wurde bald von der «Atlantic Giant Powder Co.» übernommen; zwei weitere Fabriken entstanden unter Mithilfe des kaufmännischen Leiters Julius Bandmann und von Ingenieuren aus Krümmel in San Francisco und in Rochester bei San Francisco. Unsaubere Geschäfte hatte Alfred Nobel generell abgelehnt: *Ich möchte wirklich nicht, daß Herr «Humbugmacher» Barnum hier ankäme und mich durch einen Händedruck zum Mitbetrüger machte.*[31]

Im Sommer 1866 konnte Alfred Nobel die USA verlassen. Die skrupellosen Intrigen der Konkurrenten hatten ihn erschöpft, sein Glaube an das Gute im Menschen war angeschlagen. *Auf die Dauer finde ich das Leben in Amerika alles andere als angenehm. Die übertriebene Jagd nach dem Geld ist ein Zeichen von Kleinlichkeit, die der menschlichen Begegnung viel von ihrem Angenehmen raubt und das Gefühl für Ehre zerstört zugunsten von eingebildeten Notwendigkeiten.*[32]

Noch in den USA, als sich die Hiobsbotschaften über das Sprengöl überschlugen, hatte Alfred trotz der harten Auseinandersetzungen mit Geschäftsleuten Experimente zur Sicherung des Nitroglycerins unternommen. Er reichte ein Patent ein, nach welchem dem Sprengöl zur Verminderung seiner Explosivität Methylalkohol (Methanol) zugefügt wird. Nach erfolgtem Transport konnte der Alkohol durch Ausschütteln mit Wasser, in dem er im Gegensatz zum Nitroglycerin löslich ist, wieder entfernt werden, wobei allerdings erneut der gefährliche flüssige Sprengstoff anfiel.

Es zeigte sich immer deutlicher, daß die Möglichkeiten des Nitroglycerins nur dann ausgeschöpft werden konnten, wenn es bei Erhaltung der Sprengkraft in eine weniger gefährliche Form gebracht würde. *Erst 1863 wußte ich genau um die Mängel, die das Nitroglycerin in seiner flüssigen Form besitzt*[33], bekannte Alfred später. Schon damals hatte er versucht, wie er am 2. März 1881 an den Vorsitzenden der englischen Sprengstoffkommission schrieb, feste Sprengstoffe auf Nitroglycerinbasis herzustellen. Mit poröser Holzkohle aufgesaugtes Sprengöl brachte zwar keine befriedigenden Ergebnisse, schien ihm jedoch wichtig genug, um in mehreren seiner Patente von 1864 erwähnt zu werden.[34]

In das zerstörte Krümmeler Werk zurückgekehrt, experimentierte Alfred Nobel unverzüglich Tag und Nacht in einem Laboratorium auf einem Lastkahn, den er auf der Elbe zwischen Tespe und Tesperhude hatte verankern lassen. Ziel war eine höhere Transport- und Handhabungssicherheit des Nitroglycerins. Es mußte in feste Form gebracht werden. Als Absorptionsmittel setzte er unter anderem Schwarzpulver, Schießbaumwolle, Sägespäne, gemahlenes Papier, poröse Silikate, Ziegelstaub, Kohle, Gips und Zement ein, alle ohne durchschlagendes Ergebnis.

Im Spätherbst 1866 verwandte er das auch als Verpackungsmaterial gebräuchliche Kieselgur zum Aufsaugen des Nitroglycerins, eine pulvrige farblose Kieselsäure-Masse aus Panzern abgestorbener Algen (Diatomeen)[35], die südlich von Hamburg abgebaut werden konnte. Die mit Sprengöl bis zur Sättigung durchtränkte Kieselerde prüfte Alfred Nobel gründlich im Labor und bei persönlich geleiteten Versuchssprengungen in Bergwerken bei Dortmund. Ein optimales Mischungsverhältnis ergab sich aus drei Teilen Nitroglycerin und einem Teil Kieselgur. Der neue Sprengstoff, dem er den Namen «Dynamit» oder «Nobels Sicherheits-Pulver» gab, erwies sich trotz der durch das Kieselgur um ca. 25 Prozent abgeschwächten Sprengwirkung wegen seiner festen Konsistenz, geringeren Gefährlichkeit und einfachen Handhabbarkeit als sehr vorteilhaft. Die Sprengkraft war immerhin noch fünfmal stärker als die des Schwarzpulvers. Mit einem Kilogramm Dynamit konnten etwa drei Kubikmeter Fels gesprengt werden.

Gerüst einer Diatomee (Kieselalge; stark vergrößert) [29]

Den Namen Dynamit [36] erläuterte Alfred Nobel später so: *Der neue Sprengstoff, das sogenannte Dynamit, ist nichts anderes als Nitroglycerin in Verbindung mit einem sehr porösen Silikat. Wenn ich ihm einen neuen Namen gegeben habe, so geschah das keinesfalls, um seine wahre Zusammensetzung dahinter zu verbergen, sondern um die neue Form seiner explosiven Eigenschaften allgemein kenntlich zu machen, die sich von der früheren so sehr unterscheidet, daß der neue Name voll gerechtfertigt ist.* [37]

Die Legende, er habe das Dynamit zufällig entdeckt, als Nitroglycerin beim Transport ausgeflossen sei, ist falsch: *Ich habe gewiß niemals ein zufälliges Auslaufen des Nitroglycerins auf das Kieselgur-Packmaterial in solchen Mengen bemerkt, wie es für einen Sprengkörper oder auch nur zum Befeuchten des Materials ausreichend gewesen wäre,* schreibt er später. *Die Idee zu solch einer Begebenheit kann nur von einem Menschen stammen, der eine Vermutung für Wahrheit nimmt. Was mich auf die Möglichkeit einer Eignung der Kieselgur für das Dynamit hinwies, war ihr großes Vorlumen in trockenem Zustand, was jedenfalls für ihre große Porosität spricht. Die Erfindung des Dynamits ist deshalb kein Zufallstreffer, son-*

38

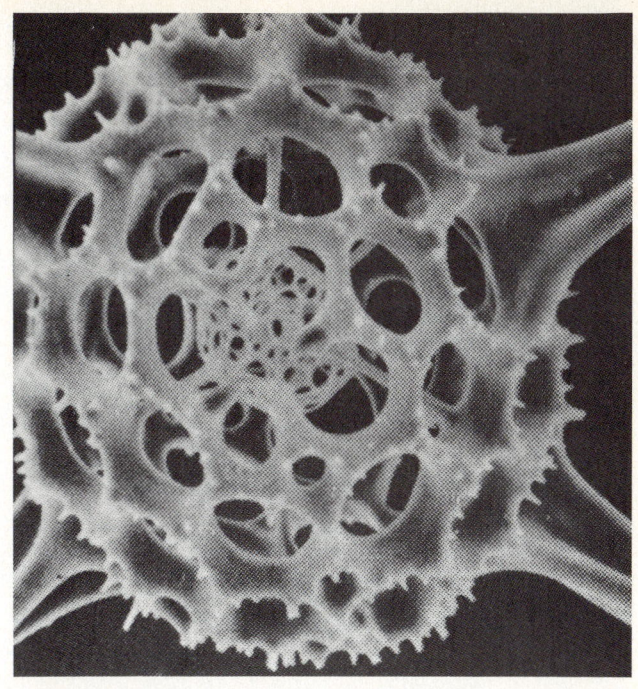

Kieselsäure-Skelett einer Radiolarie (Strahlentierchen; vergrößert) [29]

dern ich kannte von Anfang an die Nachteile des flüssigen Sprengstoffes und war seitdem auf der Suche nach einem Mittel, das sie beseitigt.[38]

Das Gur-Dynamit blieb Alfred Nobels populärste Erfindung, die ihn schlagartig berühmt – und reich – machte. Er ließ es noch 1867 in England, Schweden und in den USA patentieren, andere Länder folgten. Ab Neujahr 1867 wurde es in zwei Typen, Nr. 1 als 75 : 25- und Nr. 2 als 66 : 34-Prozent-Mischung von Krümmel, der ersten Dynamitfabrik der Welt, ausgeliefert. Das Dynamit konnte in Pappröhren (Patronen) abgefüllt, bequem und sicher in Bohrlöcher eingebracht werden. Im ersten Jahr wurden 11 Tonnen hergestellt, fünf Jahre später die zehnfache Menge, 1874 über 3000 Tonnen. Es wurde das beherrschende Sprengmittel. Heute ist Dynamit der Sammelbegriff für mehr als hundert verschiedene Sprengstoffe.

Es revolutionierte zunächst friedliche Unternehmungen: der Kohle- und Erzabbau, der Straßen-, Tunnel- und Kanalbau wurden bahnbrechend gefördert. Dynamit ermöglichte den Bau des St. Gotthard-Tunnels (1872–82) sowie Unterwassersprengungen am Hellgate-Felsen im East

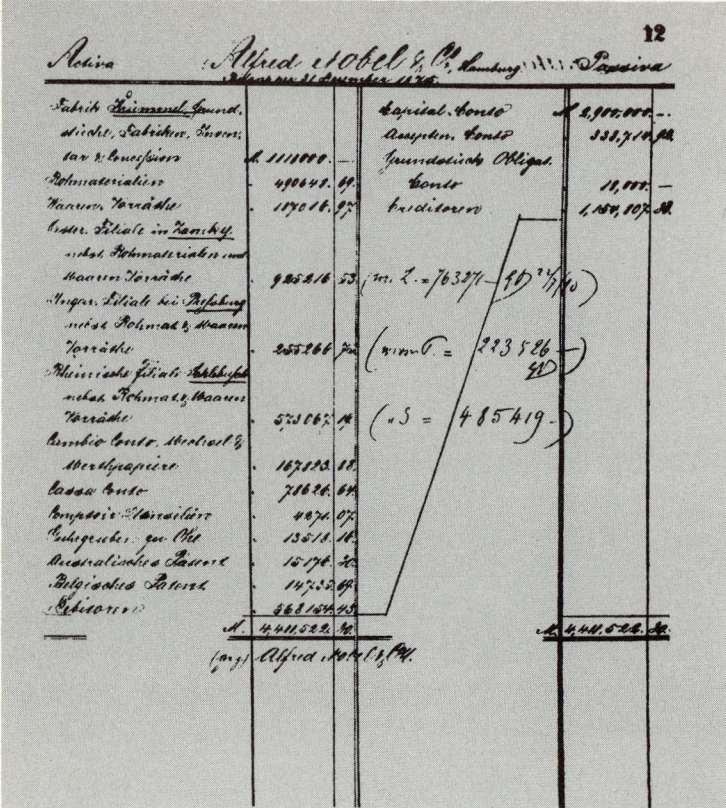

Auszug aus der Hamburger Bilanz vom 31. Dezember 1875

River vor New York (1876–85), den Durchstich des Kanals von Korinth (1891–93) und die Schiffbarmachung der Donau bei Turnu Severin (1890–96). Bald begann sich die Kriegstechnik für das Dynamit zu interessieren; in Form von Bomben und Granaten vermehrte es die Schrecken zukünftiger Kriege.

Alfred Nobel mußte nun zwangsläufig das Laboratorium mit dem – weniger geliebten – Konferenzzimmer vertauschen. Als industrieller Organisator reiste er in zahlreiche Länder, um seine Patente zu sichern, bestehende Firmen auszubauen, neue zu gründen und Interessenkonflikte zwischen den einzelnen Unternehmen beizulegen. In der Regel hat er die

Gründung dieser Gesellschaften selbst angebahnt und durchgeführt und war an der Leitung beteiligt. Das Eisenbahnabteil 1. Klasse wurde sein *rollendes Gefängnis.*

In den rastlosen Jahren zwischen 1865 und 1867 gründete er in vielen Ländern Dynamitfabriken, darunter in Norwegen, Finnland, England, Frankreich, Spanien, Portugal, Italien, Schweiz, Österreich, Ungarn – eine neue Weltindustrie entstand. Alfred Nobel wurde vermögend. Ein legendärer Ruf als Großindustrieller umgab ihn allmählich.

Jedoch waren trotz der Begehrtheit des Dynamits harte Arbeit und zäher Wille erforderlich, viele Enttäuschungen zu überwinden. Die Verhandlungen mit Konkurrenten, Widersachern, Interessenten pflegte er mit Hilfe seines penibel geführten Korrespondenzbuches, ohne Sekretär, und vor allem ohne Juristen zu führen: *Sie sind Blutsauger, die sich am Geld mästen, wenn sie ein paar kurzsichtige Erklärungen über kurzlebige Vorschriften abgegeben haben, die so obskur sind, daß die Dunkelheit durch sie noch dunkler wird.*[39]

Die Unterwassersprengung des Hellgate-Felsens im East River vor New York, 1885

Daß mit der Patenterteilung längst nicht alle Hindernisse beseitigt sind, erfuhr Alfred Nobel in England und Frankreich: *Trotz dieses Aufwandes an Patenten ist der Schutz in den meisten Fällen illusorisch. Ich schlage deshalb vor, daß man für die Patentierung chemischer Verbesserungen die Bezeichnung «Erfindersteuer für die Ermutigung der Parasiten» einführen sollte.*[40]

Am 14. Juli 1867 führte er in der englischen Grafschaft Surrey in einem Steinbruch bei Redhill einem Expertengremium das Gur-Dynamit vor. Er warf Patronen in ein offenes Feuer, verbrannte Kisten mit 10 Pfund Dynamit und stürzte sie 60 Fuß tief in den Abgrund, erwartungsgemäß ohne jede Explosion. Die Detonation erfolgte erst, als er sie über Zündschnur und Zündhütchen auslöste. Diese Demonstration wiederholte Nobel an einer Gesteinswand mit 13,5 Pfund Dynamit in einem 4,5 Meter tiefen Bohrloch. Trotz der überzeugenden Sprengergebnisse blieben die britischen Behörden und Politiker auch nach einem fachlich vorzüglichen Vortrag Nobels vor der British Association in Norwich ein Jahr später bezüglich der Vorteile des Dynamits gegenüber dem Schwarzpulver mißtrauisch. Erst am 11. August 1869 gab das Parlament dem Innenministerium die Möglichkeit, Einfuhr, Transport und Verkauf von Nitroglycerin-Produkten von Fall zu Fall zu genehmigen. Die englischen Eisenbahnen lehnten jedoch noch bis 1893 den Transport der Nobelschen Sprengstoffe ab, für Alfred Nobel Grund genug, von einem *qualifizierten Ränkespiel* der Politiker und vom Parlament als dem *Haus der Prahler*[41] zu sprechen.

Aber auch die englischen Kollegen waren ihm nicht wohlgesonnen. Der Sachverständige der Regierung, der in England angesehene Chemiker Professor Frederic Abel, behauptete in seinem Gutachten, daß das Dynamit gefährlicher sei als reines Nitroglycerin. Statt dessen empfahl der Gentleman eine von ihm verbesserte Schießbaumwolle, bei deren finanzieller Auswertung er selbst gut verdiente.

Nach weiteren erfolgreichen Sprengversuchen in Schottland erleichterte die Regierung die Dynamit-Produktion. Nicht zuletzt dank einer ironisch gewürzten, raffinierten Eingabe Alfred Nobels vom 29. März 1870 an den Innenminister, in der er zunächst betonte, daß bis dahin 560 Tonnen Dynamit ohne einen Unglücksfall hergestellt, transportiert und gelagert worden seien: *560 Tonnen Dynamit entsprechen als Sprengstoff 2800 Tonnen Schießpulver. Wenn wir die Lehrzeit des Menschengeschlechtes im Gebrauche dieser letzteren Substanz flüchtig überblicken, sehen wir gleich, daß sie sich weniger gut benommen hat, als es das Dynamit bei gleichem Mangel an Erfahrung getan hat. Der ausgezeichnete Advokat der Schießbaumwolle in England und Hauptratgeber des House of Commons in der Dynamitfrage scheint daher die Gefährlichkeit dieses Stoffes übertrieben zu haben. Wenn dieser aber so gefährlich ist, wie er behauptet, ist es sicher ein wunderbarer Glücksfall, daß sich bei so großen Mengen kein Unglück ereignet hat. Und wenn Schießbaumwolle so sicher ist, wie er hervorhebt, wie kommt es dann, daß ein vergleichsweise geringfügiger Verbrauch dieses Materials (in Österreich und anderswo) zu zahlreichen und schweren Unglücksfällen geführt hat?*[42]

Paul Barbe

Daraufhin konnte Nobel im April 1871 «The British Dynamite Co. Ltd.» in Glasgow gründen, von der er – Mitglied des Direktoriums – die Hälfte des Kapitals besaß. An der Westküste Schottlands entstand die Fabrik Ardeer, zu deren Leiter er seinen Freund Alarik Liedbeck berief. Bei der Eröffnung wandte er sich mit den Worten: *Nun, meine Herren, habe ich Ihnen eine Gesellschaft gegeben, die erfolgreich sein muß, auch wenn sie eventuell von Ihren Direktoren noch so schlecht verwaltet werden würde*[43], an die schottischen Direktoren, wobei er wohl seiner Erfindung mehr vertraute als jenen.

Er hielt sich oft und lange in Ardeer auf: ... *Ohne Arbeit wäre es unerträglich*, schrieb er. *Aber die Arbeit verschönert alles, und die Gedanken schaffen ein neues Leben, in dem man Luxus und Komfort entbehren*

43

kann, ohne sie zu vermissen, und in dem man nicht dazu kommt, den bleiernen Druck der Langeweile zu fühlen.[44]

In Frankreich hatte der Staat das Monopol für Herstellung und Verkauf von Schießpulver und Sprengstoffen. 1868 gründete Alfred Nobel mit der Firma «Barbe Père et Fils, et Cie., Maître de Forges», die am Dynamit interessiert war, in Liverdun bei Nancy eine Interessengemeinschaft zur Auswertung seiner Erfindungen in Frankreich, in welche die Barbes 200000 Francs einbrachten. Der ehrgeizige Sohn Paul Barbe, ein genialer Geschäftsmann, wurde Nobels Kompagnon, dessen Einfluß bald über Frankreich hinausreichte. Von 1870 bis 1881 war er leitender Organisator, der auch die Fabrik Krümmel wieder zum Florieren brachte.

1885 wurde Barbe Abgeordneter und dann französischer Landwirtschaftsminister. *Ein fähiger Mann von ausgezeichneter Zielstrebigkeit,* schreibt der gern kritisch analysierende Alfred Nobel seinem Bruder Ludvig nach Rußland. *Sein Gewissen aber ist dehnbar wie Gummi, was sehr bedauerlich ist, denn selten findet man so viel Intelligenz in einem Menschen vereinigt.*[45] Er empfahl ihn seinen die russischen Ölquellen in Baku auswertenden Brüdern als Geschäftsführer.

1870, nach Ausbruch des Deutsch-Französischen Krieges, stellte man fest, daß der Gegner Dynamit einsetzte. Zuvor war ein Antrag Paul Barbes auf Einführung einer Tonne Dynamit für Versuchszwecke auf heftigen Protest der Monopolfabriken gestoßen. Nach dem Sturz Napoleons III. unterzeichneten Barbe und der Innenminister der neuen französischen Republik, Gambetta, am 31. Oktober einen Vertrag zur Herstellung von Dynamit. Eiligst wurde in Paulilles bei Port-Vendres in Südfrankreich eine Fabrik aufgebaut, die ab Anfang 1871 an die französische Armee auslieferte. Der gerissene Barbe brachte es, während Alfred Nobel in Ardeer war, fertig, auch in dem vom Feind besetzten Nancy Dynamit herzustellen und an diesen zu liefern. Nach dem Frieden von Frankfurt am 10. Mai 1871 wurde das Staatsmonopol wieder hergestellt; das Werk mußte schließen. Erst 1875 konnte wieder produziert werden.

Paris (1873–1890)

Alfred Nobel als Industriemagnat

Alfred Nobel hatte nun ein weltweites Netz von Unternehmungen aufgebaut, das er zentral lenkte. 1873 siedelte er nach Paris um, wo er sich in der vornehmen Avenue Malakoff Nr. 53–59 ein großzügiges Haus mit mehreren Empfangsräumen und Bibliothek kaufte. In den Gewächshäusern ließ er Orchideen pflanzen, in den Stallungen wurden rassige Pferde gehalten. Daß das Laboratorium nicht für Hobby-Zwecke eingerichtet wurde, sollte sich bald zeigen. Als Gastgeber war er großzügig: Küche und Weinkeller des Hauses Nobel galten als vorzüglich. Er selbst war bescheiden: Er rauchte nicht, trank keinen Alkohol, aß Diät. Gesellschaftliche Vergnügungen lagen ihm nicht, obwohl er Damen gegenüber aufmerksam und unterhaltend sein konnte. Dagegen spielte er meisterhaft Schach und beteiligte sich gern an einer Partie Billard.

Das Geld als solches hat den «bescheidensten Multimillionär seiner Zeit» offenbar wenig interessiert. *Ich bin in doppelter Hinsicht im Vorteil vor meinen Konkurrenten: Geld scheffeln und Lobhudeleien lassen mich völlig kalt.*[46] Seine ärmliche Kindheit und den Glauben an den Erfolg durch Tüchtigkeit hat er nie vergessen. Als weltbekannter Industriemagnat, der ab 1870 eine bedeutende Rolle in der Wirtschaft spielte, war er zurückhaltend, fast menschenscheu. Die Öffentlichkeit und mit ihnen die Reporter hätten gerne mehr über diesen vermögenden, kultivierten Herrn gewußt, der sich oft einsam und im Innern keineswegs immer glücklich fühlte: *Die Wirklichkeit durchkreuzte so grausam die Ideale meines Herzens*[47], hatte er schon in einem Jugendgedicht geahnt. Die Verhandlungen, Generalversammlungen, Patentstreitigkeiten, geschäftlichen Intrigen waren ihm ein Greuel. Wenn seiner stets labilen Gesundheit Gefahr drohte, pflegte er – ab 1866 – in Kurorten in Deutschland, Österreich, der Schweiz und in Italien für einige Tage oder Wochen unterzutauchen. Die Ruhe, der Ausblick auf eine stille Landschaft taten ihm gut. Zur Medizin hatte er wenig Vertrauen. Das Korrespondenzbuch begleitete ihn jedoch auch im Urlaub.

Durch Delegieren versuchte er Zeit für die ihn allein befriedigende Arbeit im Laboratorium zu gewinnen. *Du weißt, daß ich meine Arbeit bedeutend übersteigere, aber nicht in der Richtung, wie man gewöhnlich*

Nobels Wohnsitz in der Avenue Malakoff in Paris

glaubt, daß ich es täte. Neun Zehntel oder mehr meiner Arbeitszeit werden von technischen Dingen ausgefüllt, von Kontrakten, Patentangelegenheiten und Prozeßgeschichten, was alles zu den Sachen gehört, für die man keine anderen vorspannen kann. Was dagegen das rein Kaufmännische angeht, ist es meine Regel, nie selbst zu tun, was ein anderer besser oder

wenigstens ebenso gut machen kann. Wenn ich anders handelte, wäre ich
längst körperlich und seelisch erschöpft und wahrscheinlich auch ruiniert,
denn wenn man in großen Unternehmen alles selbst besorgen will, ist die
Folge, daß man alles herunterwirtschaftet.[48]

Die Sprenggelatine

Die Laborarbeit lag ihm besser, auf ihr basierte seine Autorität als genialer Erfinder. Mit seinem ersten engagierten wissenschaftlichen Assistenten, Georges Fehrenbach, einem jungen Franzosen, versuchte er, oft ohne geregelte Mahlzeiten zu sich zu nehmen, sein Gur-Dynamit weiterzuentwickeln. Abgesehen von der – durch den nicht brennbaren, wärmezehrenden Ballaststoff Kieselgur – gegenüber dem Nitroglycerin verminderten Kraftentwicklung hatte es den Nachteil, daß das adsorbierte Nitroglycerin unter Druck oder bei Wassereinwirkung «ausschwitzte». Wie viele andere Chemiker hatte Nobel schon früher – ohne Erfolg – an einem Sprengstoff mit der Explosionskraft des Nitroglycerins gearbeitet, zum Beispiel hatte er bereits in seinem ersten Nitroglycerin-Patent Nitroglycerin durch Schießbaumwolle, also nitrierte Zellulose aufzusaugen versucht. 1875 war die Lösung nach zahlreichen im Laboratorium unter ständiger Explosionsgefahr verbrachten Tagen und Nächten gefunden: Nitroglycerin ergibt mit einem Prozent in Ether und Alkohol gelöster Kollodiumwolle, einer Nitrozellulose niedrigen Nitrierungsgrades, ein Produkt von gallertartiger Konsistenz, die Sprenggelatine.

Die Legende, daß die Sprenggelatine einem reinen Zufall, wenn nicht einem Versehen zu verdanken ist, trifft ebenfalls nicht zu. Ein glücklicher Umstand mag jedoch mitgeholfen haben: Alfred Nobel hatte sich eines Abends im Laboratorium in den Finger geschnitten. Die durch Bestreichen mit dickflüssiger Kollodiumlösung behandelte Wunde ließ ihn nicht schlafen. Das Kollodium inspirierte ihn; morgens um vier Uhr experimentierte er damit weiter. Als Georges Fehrenbach vormittags erschien, konnte er ihm die erste Sprenggelatine in einer Glasschale zeigen.

Zusammen versuchten sie nun in langen Versuchsreihen – immer gewissermaßen auf dem Pulverfaß sitzend – optimal geeignete Nitrozellulose darzustellen. Die in verschiedenen Fabriken Nobels durchgeführten Großversuche bestätigten die Überlegenheit des neuen Sprengstoffs, dessen Sprengkraft die des reinen Nitroglycerins noch übertrifft. Gegen Erschütterungen, Feuchtigkeit, Anzünden ist er hinreichend unempfindlich, er verbrennt ohne Rückstand ausschließlich zu gasförmigen Produkten. Die Wasserfestigkeit erlaubt die einfache Anwendung für Unterwassersprengungen. Mit der Herstellung des neuen Sprengstoffs wurde in von Alarik Liedbeck konstruierten Apparaten unter seiner und Fehrenbachs Leitung in Paulilles begonnen; die anderen Nobel-Werke folgten. Erweiterungen und Neugründungen wurden erforderlich. Nobel und Barbe hatten inzwischen auch das französische Patent erhalten. Sie eröffneten 1875 in

Paris die Beratungsstelle «Syndicat des Fabriques de Dynamite» für alle Unternehmen, unter technischer Leitung Liedbecks. Nobels und seiner Firmen Weltgeltung wurde durch die Sprenggelatine noch verstärkt.

Je nach Kollodiumgehalt, der zwischen 2,5 und 7 Prozent schwanken kann, hat Sprenggelatine eine viskos-flüssige bis gallertig-feste Konsistenz. Sie verdrängte das Gur- und andere Dynamit-Sorten bald fast völlig. Allmählich entstanden billigere Sprenggelatine-Typen, die Salpeter und andere verbrennungsfördernde Stoffe enthalten und wegen ihrer dem alten Dynamit weit überlegenen technischen Eigenschaften unter verschiedenen Handelsnamen heute noch eingesetzt werden.

Noch 1875 erhielt Nobel das englische, 1878 das deutsche Patent. Das schottische Werk in Ardeer durfte jedoch erst 1884 Sprenggelatine herstel-

Georges Fehrenbach

Werbung für Dynamit und Sprenggelatine

len, obwohl der ehemalige Gegner Nobels, Frederic Abel, zugeben mußte, die Sprenggelatine sei «in jeder Hinsicht das vollkommenste Sprengmittel, das bekannt ist»[49]. Beim Bau des St. Gotthard-Tunnels wurden damit bereits Millionen eingespart.

Bertha von Suttner und Sofie Heß

Alfred Nobel war nun einer der erfolgreichsten und begütertsten Männer seiner Zeit. Innerlich schien er jedoch immer einsamer und unglücklicher zu werden. Einen Ausgleich suchte er in schöngeistigen Büchern. Er

Bertha v. Suttner

las Ibsens «Peer Gynt», Björnson, Rydberg, Lagerlöfs «Gösta Berling», Turgenjev, Gogol, Dostojevskj, Tolstoj, Lamartine und Balzac. Victor Hugo kannte er persönlich, Teile von Byrons «Childe Harold» und Tegnérs «Fritjof-Saga» konnte er auswendig. Zola hielt er dagegen für einen *schmutzigen Schriftsteller*[50].

Auch philosophisch war Alfred Nobel interessiert, er beschäftigte sich mit Werken Kants und Spencers. Auf einem Umschlag fand man später den Satz: *Es gibt eine Philosophie des Gefühls wie es eine des Verstandes gibt.*[51]

An Geselligkeit lag ihm wenig. Ab und zu ging er ins Theater; an Musik war er weniger interessiert. Mitunter besuchte er den Salon der Madame Adam, der schriftstellernden Frau des Abgeordneten Edmond Adam. Hier konnte er Politiker, Künstler und Schriftsteller treffen. Bertha von Suttner, die später den Friedens-Nobelpreis erhielt [52], schildert ihre Begegnung mit Alfred Nobel im Jahre 1876 in Paris in ihren Memoiren. [53] Sie war damals als verarmte Komtesse Kinsky Erzieherin der Töchter des Barons von Suttner auf Schloß Harmannsdorf in Niederösterreich. Ihrer Liebe zu dem jungen Artur von Suttner standen dessen Eltern entgegen. Eine neue Stellung suchend, las sie in einer Wiener Zeitung folgende Annonce: *Ein sehr reicher, hochgebildeter, älterer Herr, der in Paris lebt, sucht eine sprachenkundige Dame, gleichfalls gesetzten Alters, als Sekretärin und zur Oberaufsicht des Haushalts.* [54] Ein langer Briefwechsel begann. «Er schrieb geistvoll und witzig, doch in einem schwermütigen Ton. Der Mann schien sich unglücklich zu fühlen, ein Menschenverächter zu sein . . .» [55] Nobel empfing die dreiunddreißigjährige Bertha von Suttner morgens auf dem Bahnhof und brachte sie, da ihr Wohntrakt in der Avenue Malakoff noch tapeziert wurde, zum «Grand Hotel» am Boulevard des Capucins. «Alfred Nobel machte einen sehr sympathischen Eindruck. Ein ‹alter Herr›, wie es in der Annonce und wie wir alle uns ihn vorgestellt hatten, grauhaarig, gebrechlich: das war er nicht, geboren 1833, war er damals 43 Jahre alt, von Gestalt unter Mittelgröße, dunkler Vollbart, weder häßliche noch schöne Züge, etwas düsteren Ausdruck, nur gemildert durch sanfte blaue Augen; in der Stimme ein melancholischer oder abwechselnd satirischer Klang. Traurig und spöttisch, das war ja auch seine Art . . .» [56] «In Gesellschaft Alfred Nobels war ich momentan abgelenkt, denn er wußte so fesselnd zu plaudern, zu erzählen, zu philosophieren, daß seine Unterhaltung den Geist ganz gefangennahm. Mit ihm über Welt und Menschen, über Kunst und Leben, über die Probleme von Zeit und Ewigkeit zu reden, war ein geistiger Hochgenuß. Vom gesellschaftlichen Leben hielt er sich ferne – gewisse Formen der Schalheit, der Falschheit, der Frivolität flößten ihm zornigen Ekel ein.» [57] Gegen andere und sogar sich selbst sei er mißtrauisch und scheu «bis zur Schüchternheit». Offenbar empfand er sich selbst als abstoßend, «glaubte keine Sympathie einflößen zu können, fürchtete immer, daß man ihn nur seines ungeheueren Reichtums wegen umschmeichelte» [58].

Alfred Nobel hat sie offenbar in seinen Gedichten, auch *The Riddle* lesen lassen, das sie «einfach prachtvoll» fand. *Sind Sie freien Herzens?* habe er sie gefragt, worauf sie ihm ihre unglückliche Liebe zu Artur von Suttner gestand. . . . *brechen Sie auch den Briefwechsel ab . . . – und Sie werden beide vergessen –* . . . soll Nobel geantwortet haben. [59]

Er hatte sich anfangs wohl Hoffnungen gemacht. Einmal schrieb er: *Ich fühle wie alle anderen oder vielleicht noch stärker als sie die drückend schwere Einsamkeit, und so habe ich manche langen Jahre nach einem Menschen gesucht, dessen Herz den Weg zu meinem Herzen finden könnte.* [60]

Auch über seine Sorgen wegen der militärischen Ausbeutung seiner Erfindungen sprach er mit Bertha von Suttner: *Ich möchte einen Stoff oder eine Maschine schaffen können, von so fürchterlicher, massenhaft verheerender Wirkung, daß dadurch Kriege überhaupt unmöglich würden.*[61]

Schon eine Woche nach der Bekanntschaft mit Bertha Komtesse Kinsky mußte Nobel nach Stockholm verreisen. *Glücklich angekommen, bin in acht Tagen wieder in Paris*[62], telegrafierte er. Eine andere Depesche erhielt sie von Artur von Suttner: «Kann ohne Dich nicht leben!»[63], worauf sie Nobel schrieb, daß sie die Stelle nicht annehmen könne, am nächsten Tag nach Wien zurückfuhr und am 18. Juni 1876 Artur von Suttner heimlich heiratete. Erst 1887, elf Jahre später, von denen sie neun bei Freunden im Kaukasus verbrachte, begegnete sie Nobel wieder in Paris. Brieflich waren sie allerdings in Verbindung geblieben.

Außer seiner Schüchternheit stand Alfred Nobel bei der Suche nach einer passenden Lebensgefährtin seine Arbeitsbesessenheit im Wege. Jedoch konnte er, wenn die Herstellung des Kontakts nicht kompliziert war, sowohl Zeit als auch Gefühl investieren. So hatte ihm eine junge Schwedin, die in einer Pariser Apotheke als Magd diente, geschrieben: «Wenn Sie hier, Rue de Rivoli, vorbeikommen, Herr Nobel, so sagen Sie mir nur einmal ‹Guten Tag›. Es würde mich sehr freuen, Sie noch einmal im Leben wiederzusehen.» Nachdem er ihr den Wunsch erfüllt hatte, schrieb sie: «Ich glaubte, daß ich Sie nie mehr im Leben wiedersehen sollte, Herr Nobel, und ich freute mich so sehr, als ich sah, daß Sie es wirklich waren, daß ich weder ordentlich denken noch reden konnte.»[64]

1876, dreiundvierzigjährig, hatte Nobel auf einer Geschäftsreise nach Wien eine kleine zwanzigjährige Verkäuferin in einem Blumengeschäft des vornehmen Kurortes Baden bei Wien kennengelernt, Sofie Heß, eine Schönheit jüdischer Abstammung, die ihrer lieblosen Stiefmutter weggelaufen war. Sie wurde seine Geliebte. Er konnte es sich leisten, ihr in Wien eine Wohnung einschließlich Dienerschaft zu bezahlen. Zeitweilig nahm er sie sogar nach Paris mit, gleichfalls in eine eigene elegante Wohnung. Seine Freunde Liedbeck, Barbe und Victor Hugo fanden sie reizvoll. Er versuchte, ihr durch eine französische Gouvernante Bildung beibringen zu lassen. In väterlich-onkelhafter Fürsorge mühte er sich jahrelang, ihre Bildung und Umgangsformen zu heben. Sie – die ihm anfangs zu gefallen suchte – dankte ihm dies alles kaum: Bald fiel sie in ihre unbekümmerte Oberflächlichkeit und Ausgelassenheit zurück, verwöhnt vom umgebenden Luxus. Ihre Geldforderungen für sich selbst und ihre aufdringliche siebenköpfige Familie wurden immer höher. Sie selbst reiste in elegante Kurorte, gab sich als «Madame Nobel» aus und ließ sich mit immer neuen Verehrern sehen. Nobel war entsetzt und verzweifelt. Er schalt sie – und zahlte doch: Hotelrechnungen, französische Kleider, ungarische Weine, später eine elegante Villa in Bad Ischl. Das undankbare, launische «Sofiechen»[65] betrog ihn regelmäßig, und er wußte es und ertrug es.

Während Nobel in seinen zahlreichen Briefen an Sofie oft über seine Pläne und Experimente, Ärger und Erfolge berichtete, schrieb sie meist nur kurz über Dinge wie Mode, Klatsch. Abgesehen von Bitten um Erhöhung ihrer eigenen Bezüge legte sie immer häufiger Bettelbriefe ihrer habgierigen Familie bei.

Nach dem Tod des Bruders Ludwig 1888 und der Mutter 1889 war das Alleinsein für Nobel schlimmer geworden. Trotzdem besuchte er Sofie nach seiner Übersiedlung nach San Remo nur noch selten in Ischl; durch ihren Umgang in flotten Lebemannkreisen entfremdete sie sich ihm völlig. Er beklagte sich bitter: *Obwohl ich nie in meinem Leben eine große Freude – wohl aber tiefen Schmerz – empfunden habe, so kann ich mich leicht in dieser Beziehung in die Gefühle anderer Menschen hineindenken. – Nichts in der Welt aber wird einem so lästig wie das endlose Weinen und die endlosen Vorwürfe, welche immer wieder unverändert wiederkommen wie ein ekelhaftes Gericht, das man einem täglich auftischt. – Man kann keinem Frauenzimmer etwas Gutes tun, denn dafür bekommt man nur Undank und Beschimpfung als Ersatz. – Lug und Trug ist fast erträglicher, denn darin gibt es doch wenigstens einige Abwechslung. – Wenn man kein Verständnis für Bildung hat, so ist man überhaupt nur für eine untergeordnete Stellung im Leben geschaffen und kann sich auch nur in einer solchen glücklich oder zufrieden fühlen. – Du begreifst nicht, daß der freie Geist keine Fesseln, keine Bande fühlen will, er kann sie tragen, ja, aber nur unter der Bedingung, daß er sie nicht fühlt. – Ich selbst konnte niemals vom Glück sprechen – das war überhaupt nimmer mit meiner zum Leiden geschaffenen Natur vereinbar.*[66]

Aber als er auf Drängen seines Bruders Ludwig die Trennung einleitete, verzieh er ihr großherzig: *Bemühe Dich, die aufrichtige, dauerhafte und tiefe Liebe eines einfachen, anständigen Mannes zu gewinnen und gehe mit ihm die feste und sichere Verbindung einer Familie ein, die in keiner Weise mit der Unsicherheit eines Verhältnisses gleichgesetzt werden kann ...*[67]

Er ging soweit, sie mit einer großzügigen Rente – jährliche Zuwendungen aus den Zinsen von in einer Bank deponierten 300 000 ungarischen Kronen – zu versorgen, als sie von einem österreichischen Rittmeister ein Kind bekam und ihn heiratete. Dieses finstere Kapitel ist damit jedoch noch nicht zu Ende, wie sich zeigen wird.

Alfred Nobel war unglücklich darüber, keine adäquate Frau finden zu können. Die Schuld suchte er bei sich selbst. Seiner Schwägerin Edla, die mit seinem Bruder Ludwig in Rußland glücklich verheiratet war, schrieb er: *Welcher Gegensatz zwischen uns! Du umgeben von Liebe, lautem pulsierendem Leben, umsorgt und für andere sorgend, liebkosend und geliebkost, in Zufriedenheit verankert. Ich, umherirrend, kompaß- und steuerlos wie ein zweckloses vom Schicksal gebrochenes Lebenswrack; ohne lichte Erinnerungsbilder aus der Vergangenheit, ohne die falsche, aber schöne Zukunftsbeleuchtung der Illusionen, ohne Einbildung, die plump, aber bereitwillig uns selbst verschönt; ohne Familie, die das einzige uns zukommende Leben nach diesem ist, ohne Freunde für die gesunde Entwicklung des*

Herzens, ohne Feinde für die der Galle, dagegen mit einer Selbstkritik, die jeden Flecken in ungeschminkter Häßlichkeit zeigt und jede Unfähigkeit in unverschleierter Beleuchtung. Ein Porträt mit solchen Umrissen paßt nicht in das Heim der Freude und Gemütlichkeit, sondern eignet sich nur für den Papierkorb, wo es auch hinkommt.[68]

Schon sehr frühzeitig schien ihm bewußt zu sein, wie anders sein Leben verlaufen könnte. In einem seiner unvollständigen Gedichte der sechziger Jahre hatte er Rechenschaft abzulegen versucht: *Ob ich je geliebt habe, deine Frage erweckt in meinen Gedanken ein unendlich süßes Bild erträumter Seligkeiten, die mir das Leben vorenthielt, eine Liebe, die ich hegte und die verdorrte, noch ehe sie wuchs. Du weißt nicht, wie die Wirklichkeit des jungen Herzens idealistischer Welt spottete, wie Zurücksetzungen, getäuschte Hoffnungen und düstere Gedanken ein Leben völlig verbittern können, das so unglücklich erscheint, und trüben allen Glanz. Deine junge Seele sieht die Welt rein im Spiegel der Phantasie ... O möchtest du niemals sehen ihre nackten Züge.*[69]

Die stärkste und dauerhafteste menschliche Bindung empfand er zeitlebens zu seiner Mutter. Fast immer kam er zu ihrem Geburtstag nach Stockholm. *Nein, meine Stockholmer Reise kann ich nicht ausfallen lassen. Meiner Mutter würde das sehr weh tun – und Rücksicht, herzliche Rücksicht ist mir wirklich eine Lebensaufgabe.*[70]

Die Mutterliebe wurde erwidert: «Ich habe mir all die lieben Stunden ins Gedächtnis zurückgerufen, die mir mein Alfred durch seine Anwesenheit geschenkt hat.»[71] Sein Weihnachtsgruß veranlaßte sie zu folgenden Zeilen: «Worte sind überflüssig, die Freude zu beschreiben, die ich empfand, als ich erst Dein Telegramm und dann Deinen lieben so lang ersehnten Brief erhielt.»[72]

Er konnte ihr alle Wünsche erfüllen, «ausgenommen zwei Dinge, die man nicht für Geld haben kann: recht gute Gesundheit und meinen Pariser Liebling sehen zu dürfen, so oft ich will. Aber wenn das geschehen könnte, fürchte ich, Du würdest der alten Frau müde werden, obwohl ich Dein ältester Freund bin.»[73] Ebenso herzlich schrieb der fünfzigjährige Alfred Nobel, der für ihren Lebensabend sorgte: *Läge Stockholm nicht so weit entfernt, beinah am Nordpol, ich würde zur Weihnachtszeit hineilen und meinen Teller hinhalten, um meinen Anteil der Weihnachtsgrütze, so wie früher, zu bekommen.*[71] Bis zu ihrem Tod im Jahre 1889 hatte er ihr ein Vermögen von fast einer Million Kronen zukommen lassen.

Die Brüder Nobel

Alfred, Robert und Ludvig Nobel waren durch regen Briefwechsel ständig verbunden, auch über die große Entfernung zum Rüstungsbetrieb zwischen St. Petersburg und Wiborg, wo sich Robert 1870 seinem Bruder Ludvig angeschlossen hatte. In russischem Regierungsauftrag organisierten Ludvig und sein Jugendfreund Kapitän Peter A. Bilderling ab 1871 in der staatlichen Waffenfabrik von Iskewsk die Herstellung von 450 000 Gewehren nach dem Scharnierverschluß-System des amerikanischen Generals Berdan. Robert sollte im Kaukasus Walnußholz für die Gewehrkolben beschaffen, was sich als undurchführbar erwies. Ein Nebenprodukt dieser Reise beeinflußte aber den Lebensweg aller drei Brüder entscheidend. Robert, der in Helsingfors Erfahrungen mit der Raffinierung von Petroleum für Leuchtzwecke gesammelt hatte, war von den Naphthaquellen bei Baku am Kaspischen Meer so beeindruckt, daß er Ludvig überredete, in die Erdölproduktion einzusteigen. Jene Ölquellen waren zwar lange bekannt, hatten aber kaum Bedeutung erlangt. Die Ölproduktion war bis 1872 als Staatsmonopol an zwei russische Kaufleute verpachtet. Ohne Eisenbahnverbindung und dem Ausfall der Wolga als Transportweg im Winter war eine konstante Lieferung unmöglich. Kein Wunder, daß die Amerikaner mit ihrem – zudem qualitativ überlegenen – Öl auch den noch kleinen russischen Markt beherrschten.

Als der Staat die Ölfelder schließlich parzellenweise an Interessenten verkaufte, finanzierte Ludvig 1875 die Übernahme eines Teils der Ölfelder von Balakhani. Robert siedelte sich 1875 im Kaukasus an. Als Pionier begründete er eine neue Weltindustrie in Rußland. Erst mußten aber Destillationsanlagen zur Raffinierung des Naphtha und vor allem Rohrleitungen gelegt werden, in denen das Öl die 10 Kilometer bis Baku gepumpt werden konnte, wo es von Nobel-eigenen Wolga-Tankschiffen übernommen werden sollte.

Alfred wurde von Ludvig schon zu Beginn auf dem laufenden gehalten: «Robert ist von seiner Reise an die Ostküste (des Kaspischen Meeres) nach Baku zurückgekehrt und hat auf der Insel Tcheleken in zehn Klafter Tiefe ausgezeichnetes Naphtha gefunden. Folglich ist er jetzt mit Rohmaterial versehen. Werde nun sehen, wie er sich darauf versteht, die Herstellung und den Verkauf im Großen zu betreiben. Davon werden sein künftiger Erfolg und sein Glück abhängen. Ich für meinen Teil habe getan, was ich konnte, indem ich ihm mit Geld und Rat in technischer Hinsicht zur Hand gegangen bin. Robert erklärt, neue Erfindungen für die Destillation und Reinigung des Öls gemacht zu haben, deren Wert ich nicht beurteilen kann, weil ich in der Sache nicht zu Hause bin.» [75]

Nicht nur die technische Ausrüstung war in dem zurückgebliebenen Land äußerst schwierig zu erstellen, es mußten aus Mitteln der Gebrüder Nobel auch Umladeplätze für den Flußbarken- und Eisenbahntransport, Zisternenlager und ein Netz von Niederlassungen aufgebaut werden. Die Brüder ließen sich durch die völlig neuartigen Problemstellungen nicht abschrecken: Nach Ludvigs Ideen wurde 1878 auf einer schwedischen Werft das erste brauchbare, seetüchtige Tankschiff der Welt gebaut. Er führte die kontinuierliche Destillation und andere technische Verbesserungen ein, die bald außer dem für Leuchtzwecke in Rußland benötigten Paraffinöl zu besseren Schmierölen führten und die Preise auf Bruchteile der früheren senken halfen. Damit waren sie gegen das von der 1872 gegründeten Standard Oil Company Rockefellers importierte Leuchtöl wettbewerbsfähig.

Alfred Nobel wurde wieder von seinem Bruder Ludvig aus St. Petersburg informiert: «In Baku stehen die Sachen so, daß die Fabrik endlich fertig ist und angefangen hat zu arbeiten ... Was die Qualität angeht, hat Robert wirklich ein glänzendes Resultat erzielt, denn im Gegensatz zu der gewöhnlichen Baku-Herstellung, die nur 30 % schwere und schlechte Ware ergibt, erhält er aus demselben Naphtha 40 % ausgezeichnetes, gutes und leichtes Photogen, das sich vollständig mit der amerikanischen Primaqualität messen kann.»[76]

Ohne finanzielle Unterstützung war diese gigantische Aufbauarbeit nicht zu meistern. Robert und Ludvig wandten sich an ihren Bruder Alfred. Ludvig schrieb ihm: «Helfen wir Robert!»[77] und fuhr 1877 nach Paris. Alfred konnte zwar der Einladung, die Ölförderungsanlagen in Baku selbst zu begutachten, wegen Arbeitsüberlastung nicht folgen, doch versprach er Hilfe. Ludvig übernahm dafür die Generalvertretung der Sprengstoffe Alfreds in Rußland, das noch keine eigenen Nitroglycerin- und Dynamit-Fabriken besaß. In Vorträgen und Vorführungen warb er für Alfreds Produkte.

Im Mai 1878 beschlossen die drei Brüder, eine «Naphtha-Produktions-Gesellschaft Gebrüder Nobel» («Branobel») ins Leben zu rufen; 1879 wurde sie gegründet. Außer dem inzwischen zum Oberst beförderten Bilderling waren noch weitere sechs Gesellschafter beteiligt. Zum Gesamtkapital von drei Millionen Rubel steuerte Alfred eine Bareinlage von 300 000 Rubel bei. Robert wurden Aktien im Wert von 100 000 Rubel zugesprochen, und Ludvig verschaffte sich mit seinem ganzen Vermögen die Aktienmehrheit. Die außergewöhnlich fortschrittlichen Statuten wurden am 15. Mai 1879 vom Zaren bestätigt. Die Dividenden wurden nur zu 60 Prozent an die Aktionäre verteilt, 40 Prozent flossen an Direktoren und Angestellte. Robert, der das Äußerste für die Aufbauarbeit gegeben hatte, konnte sich als Direktionsmitglied schwierig unterordnen und litt zunehmend auch unter den klimatischen Verhältnissen. Kränkelnd zog er sich 1879 von der Mitarbeit völlig zurück. In der Heimat Schweden erwarb er ein Gut bei Norrköpping am Braviken, wo er 1896 starb.

Unter der Leitung Ludvig Nobels war das Naphtha-Unternehmen extrem erfolgreich. Die Produkte fanden reißenden Absatz. Bohr- und Destillationsanlagen wurden ebenso wie das Transportwesen vervollkommnet. 1898 bestand die Tankerflotte der Gebrüder Nobel aus 53 Schiffen. Große Tanker wurden in zwei Teilen gefertigt und diese über die Wolga ins Kaspische Meer überführt. Der Tankschiffbau wurde damals an Bedeutung so hoch eingeschätzt wie die Erfindung der Sprengstoffe.

Ludvig konstruierte – einfallsreich, optimistisch und wagemutig wie immer – Zisternenwagen für die Eisenbahn, sobald 1883 die Verbindung von Baku nach Batum am Schwarzen Meer hergestellt war. Es verwundert nicht, wenn er seine Einstellung zu seinem Unternehmen so charakterisiert: «Glauben Sie nicht, daß ein Industrieunternehmen mit einem steinernen Hause zu vergleichen ist, das man nur mit sicheren Bewohnern zu besetzen braucht, von denen der Mietzins einzuziehen ist. Nein, ein

Industrieunternehmen, richtig geführt und klug organisiert, ist mit ständigem Kampf verbunden, dessen Erfolg von Voraussicht, Hartnäckigkeit, Arbeitsliebe und Sparsamkeit abhängt.»[78] Alfred Nobels Auffassung hat sich hiervon wohl kaum unterschieden.

In wenigen Jahren wurde in vielerlei Hinsicht Ungewöhnliches geleistet, wie ein zeitgenössischer englischer Bericht deutlich macht: «Diese beiden Schweden, Robert und Ludvig Nobel, haben die russische Ölindustrie vollständig revolutioniert, auf dem Ölfeld in Balakhani besitzen sie vierzig Schächte, von denen achtzehn sogenannte Quellen sind. Eine der letztgenannten lieferte voriges Jahr monatlich 112000 Tonnen Rohöl. Ihre beiden Rohrleitungen, von denen jede acht englische Meilen lang ist, sind imstande, jährlich vier Millionen Barrels zu befördern. Die Raffinerien nehmen ein Gebiet von einer englischen Quadratmeile ein. Jedes ihrer Reservoire faßt vier Millionen Gallonen. Auf dem Kaspischen Meer besitzen sie zwanzig große Tankdampfer, auf der Wolga zwölf und ein Dock in Astrachan – außer einer Menge kleinerer Schiffe. Auf der Eisenbahn haben sie 1500 Tankwagen. Sie beschäftigen nicht weniger als 5000 Personen und manchmal doppelt so viel ... Vor Baku erhebt sich an der Küste der Meeresbucht eine schöne Vorstadt. Diese Vorstadt heißt Villa Petrolia, und Nobels oberste Angestellte sollen dort eine Kolonie bilden und einen Komfort genießen, den mancher englische Kapitalist gut täte, sich in der Fürsorge für seine Angestellten zum Vorbild zu machen. Eine Bibliothek wird für sie gebaut, Billardsäle werden zu ihrem Vergnügen eingerichtet, und es ist eine Art Gemeinschaftsprinzip eingeführt worden, nach dem es den Angestellten der Firma ermöglicht wird, sich mit ihrem Geld an der Firma zu beteiligen und an deren Gewinn teilzunehmen.»[79]

Am Aufblühen Bakus zu einem der bedeutendsten Ölumschlagplätze der Welt waren demnach alle drei Nobel-Brüder beteiligt. Abgesehen von Alfreds Finanzspritze und seinen erfahrenen Ratschlägen bei der Verwaltung der Aktiengesellschaft gehen eine Reihe von technischen Anregungen und Verbesserungen auf ihn zurück, darunter eine mehr als 600 Kilometer lange Pipeline – die erste in der Welt – von Baku nach Batum, der 1883 eine zweite folgte. Sie trugen wesentlich zur Bedeutung der russischen Erdölindustrie bei.

Doch auch ein gutgehendes Unternehmen muß auf Krisen gefaßt sein: Mehrere Explosionen und anschließende große Brände in Baku und auf dem großen Tankschiff «Nordenskjöld» waren um so schwerwiegender, als ein weiterer Tanker durch Sabotage zum Kentern gebracht wurde und sich der Nachschub an neuen Tankschiffen aus Schweden hinzog. In einer Zeit verschärften Konkurrenzkampfes um das Öl – die anderen Firmen hatten die moderne Technik der Nobel-Firma inzwischen übernommen – sank der Umsatz des Nobel-Unternehmens beängstigend; der Absatz an Photogen fiel auf ein Drittel. Alfred Nobel bemühte sich im Frühjahr 1883 persönlich nach St. Petersburg, erstmals seit der Jugendzeit, um dem Bruder zu helfen. Nach dem Besuch schrieb Ludvig an Alfred: «Dein kurzes Erscheinen hat bei groß und klein so viele und liebe Erinnerungen hinterlassen, daß Du noch immer unser ständiger Gesprächsstoff bist. Deine Bemerkungen haben mir nicht wenig zu denken gegeben. Deine reiche und langjährige Erfahrung in der Verwaltung von Aktiengesell-schaften ist für mich von ungeheurem Wert. Bisher, wo das ganze Unter-nehmen beinahe uns allein gehörte, konnte man es als eine Privatangele-genheit betrachten, aber seit nun Aktien, so wenige es auch sein mögen, an Fremde verkauft worden sind, müssen wir damit anfangen, Formalitä-ten zu beachten, deren Wichtigkeit ich nicht unterschätze. – Ich werde mich daher nach Deinem Rat und Deinen Winken richten, soweit es sich mit der oft willkürlichen Handlungsweise der hiesigen hohen Autoritäten vereinigen läßt.»[80]

Zu dieser Zeit hatte der wagemutige, optimistische Ingenieur Ludwig offenbar schon auf Grund des energischen Zuredens seines in Firmen-gründungen erfahrenen Bruders Alfred in ihrer Meinungsverschieden-heit eingelenkt. Alfred hatte vor zu großzügigen Investitionen ohne ge-sunde finanzielle Basis gewarnt, während Ludwig das Unternehmen an-fangs als Eigentum betrachtete, das er eher als kühner Ingenieur und mu-tiger Unternehmer denn als penibler Verwalter zu erweitern gedachte: «Der Mensch, der hart und entschlossen seine Pflicht erfüllt», meinte er auch später noch, «steht über einem Geschäftsmann und einem Buchhal-ter ...»[81]

Alfred mußte ihm um 1883 offen und unmißverständlich schreiben: *Das einzige, worin unsere Ansichten auseinandergehen ist, daß Du zuerst aufbaust und Dich danach erst um die Finanzierung kümmerst, während ich der Meinung bin, daß es eine bessere Basis für die Zukunft bietet, erst das Geld zu beschaffen und es dann anzulegen. Wenn wir von dieser unse-rer Verschiedenheit absehen, so stimme ich nicht weniger als Du für eine Erweiterung.*[82]

Zur Verschlechterung der Situation Ludwig Nobels trug auch bei, daß der russische Ingenieur Palaschkowksy, der im Staatsauftrag die Bahnli-nie Baku–Batum gebaut hatte, seine Vorrechte auf dem Schienenweg rücksichtslos dazu ausnutzte, sein eigenes Öl zu transportieren. Damit nicht genug, verkaufte er seine kaukasische Ölraffinerie dem Pariser Bankhaus Rothschild. Alfred Nobel hatte die Konkurrenz mit den Roth-schilds durch Verhandeln zu verhindern versucht – vergeblich. Jene be-mühten sich sogar noch um weitere Konkurrenten der Nobel-Brüder. Al-fred und Ludwig entschlossen sich zur Flucht nach vorne, das heißt Erwei-terung des gefährlich klein gewordenen Firmengeländes und Modernisie-rung. Die Londoner Banken, die sie um Kredite hierfür ansprachen, machten Schwierigkeiten, möglicherweise auf Betreiben der Rothschilds. Bismarck förderte nach dem Berliner Kongreß von 1878 die Annäherung an Rußland. Die deutschen Banken waren daher Nobels Plänen aufge-schlossen. Es kam zur Gründung einer Deutsch-Russischen Naphtha-Ge-sellschaft für die Einfuhr von Öl aus Rußland.

Die Situation wurde aber trotzdem bedrohlich, als die Pariser Banken die Kündigung der dortigen Kredite avisierten; die Mitwirkung der Rothschilds wurde auch hier nicht ganz ausgeschlossen. Nun mußte Alfred seinem Bruder unmittelbar finanziell unter die Arme greifen. Er tat dies, indem er seine ganze Autorität und seinen Ruf in die Waagschale warf und *mit der größten Hochachtung vor der außerordentlichen persönlichen Leistung meines Bruders, der in so kurzer Zeit, und ohne daß ihm ein einziger Fehler unterlaufen wäre, ein so glänzend organisiertes Unternehmen aufgezogen hat*[83]. Er steuerte ein befristetes Darlehen von vier Millionen Francs zu niedrigem Zins bei, wurde Vorstandsmitglied, verlangte eine allmähliche Senkung der Dividenden von 20 bzw. 15 Prozent auf nur zwei und organisierte die kaufmännische Verwaltung um. Für die rückständigen Steuerschulden bürgte er mit seinen russischen Staatsobligationen. Für die Börsenkredite verpfändeten Alfred und Ludvig Nobel ihren gesamten Aktienbesitz an der Naphtha-Gesellschaft. Ludvig schrieb danach an Alfred: «Die Hilfe, die Du uns gewährt hast, hat uns sehr genützt, und ich hoffe, man wird eines Tages nicht mehr wie bisher sagen, die Gesellschaft Gebrüder Nobel ist Ludvig Nobel.»[84] Ihre beruflichen Meinungsverschiedenheiten wurden bald ausgeräumt. Alfred an Ludvig: *Dein herzlicher, freundlicher Brief aus Wien hat mich mehr erfreut, als Du glauben kannst. Wir stehen beide auf der bergab gehenden Seite des Lebens, wo der Abend schon die Nacht vorspiegelt; und das ist keinesfalls der Augenblick für die Neigung zu Kleinlichkeiten, die fast allem zugrunde liegt, was Zwist heißt. Du denkst und fühlst zu groß, um dazu Lust zu haben, und was mich betrifft, so lebe ich eigentlich mit allen und allem in Frieden, außer mit meinem eigenen Inneren und den Geistern aus Niflheim. Am allerwenigsten will ich mit Dir Streit haben und wenn ein Schatten zwischen uns gelegen hat, so ist er längst gewichen vor dem «Es werde Licht» des Herzens.*[85]

Seiner Familie gegenüber siegte die Anhänglichkeit vor der Konsequenz. Die Geister Niflheims, dem Reich des Nebels und der Kälte der nordischen Mythologie, glaubte Alfred Nobel zu fühlen, wenn er einsam war.

1885 war das Unternehmen wieder saniert. Alfred Nobel, der auch den Einbau von Explosionsmotoren an Stelle der alten Dampfmaschinen in die Tankschiffe durchgesetzt hatte, trat vom Vorstand zurück, da er meinte, als Kaufmann nun nicht mehr benötigt zu werden. Trotzdem stand er seinem Bruder beratend zur Seite. Sein Aktienpaket von mehr als zwei Millionen Rubel behielt er.

Die Naphtha-Gesellschaft entwickelte sich auf dieser Grundlage in den achtziger Jahren zur weltgrößten Ölraffinerie. Um 1900 war ihre Ölproduktion jahrelang größer als die amerikanische. Aber auch auf sozialem Sektor war das Unternehmen wegweisend: Sicher in Absprache mit Alfred kürzte Ludvig die Arbeitszeit von vierzehn bzw. zwölf Stunden auf zehneinhalb. Er verbot die Kinderarbeit unter zwölf Jahren in der Firma. Die Angestellten konnten Firmenanteile erwerben und damit am Gewinn des Unternehmens partizipieren. Ludvig richtete Sparkassen ein, die er privat bezuschußte. Er ließ – auf eigene Kosten – für die Arbeiter Wohnsiedlungen bauen, Gemeinschaftshäuser für die Ledigen, Krankenhäuser, Großküchen, gründete Grund- und Gewerbeschulen. Eigene Dampfer brachten die Betriebsangehörigen von Baku aus zu den Arbeitsplätzen. Diese aus Unternehmerinitiative entstandenen Einrichtungen waren für damalige Verhältnisse außergewöhnlich.

1887 war es auch mit Ludvig Nobels Gesundheit zu Ende; wegen schweren Herzleidens mußte er die Firmenleitung abgeben. Er starb am 12. April 1888 in Cannes an der französischen Riviera, wohin er kurz zuvor übergesiedelt war.

Ludvigs ältester Sohn Emanuel übernahm die Leitung des Naphtha-Werks, das dann noch bis zur dritten Generation im Besitz der russischen Nobels blieb, bis sie 1918 enteignet wurden und ins Ausland fliehen mußten. Es dauerte bis 1930, ehe die russische Naphtha-Industrie wieder Weltrang erlangte.

Nach dem Tod seiner beiden Brüder, mit denen er in einzigartiger Zusammenarbeit über lange Jahre eng verbunden blieb, war Alfred einsamer als je zuvor. Schück und Sohlmann, Nobels Biographen, zogen folgenden Vergleich: «Bei vielen Ähnlichkeiten und Berührungspunkten in der allgemeinen Veranlagung, der Begabung und dem Charakter waren die drei Brüder Nobel, Robert, Ludvig und Alfred, auch recht verschieden voneinander. Alle drei hatten eine reiche Erfindergabe und eine nicht minder lebhafte Phantasie. Alle drei besaßen sie, wenn auch in verschiedenem Grade, Originalität, Energie und Arbeitskraft. Alle hatten auch in gewissem Maße etwas von dem aufbrausenden Temperament des Vaters geerbt. Aber Roberts Tätigkeit erstreckte sich mehr auf Detailfragen, er war auch pessimistischer als die Brüder, wozu wohl seine Kränklichkeit das ihrige beigetragen hat. Ludvig war, wie schon erwähnt, vor allem der geborene Organisator und Industrielle, ein ‹captain of industry› von außergewöhnlicher Kraft, seltenem Weitblick und ungewöhnlicher Energie. Alfred, der zweifellos intellektuell begabteste, hatte sicher, außer seinem Erfindergenie, einen ungewöhnlichen geschäftlichen Blick und große finanzielle Fähigkeiten, was alles noch durch frühgewonnene, reiche Erfahrungen erhöht wurde, aber dafür fehlte ihm die Neigung, sich persönlich an der Verwaltung und direkten Leitung der von ihm gegründeten Unternehmungen zu beteiligen.» [86]

Das rauchschwache Schießpulver und andere Erfindungen

Im Jahre 1879 hatte Alfred Nobel sein Laboratorium von der Avenue Malakoff nach Sévran bei Livy verlagert, einige Kilometer östlich von Paris an der Bahnstrecke nach Laon. Dort experimentierte er mit seinem Assistenten Fehrenbach Tag für Tag. Er arbeitete keineswegs nur an Sprengstoff-Entwicklungen, sondern verblüffte seine Bekannten mit Ideen und Plänen und – ein Erbteil seines Vaters – Phantastereien auf den verschiedensten Gebieten. Er konstruierte Brenner und Kühlapparate für Leuchtöl hohen spezifischen Gewichts und studierte das Vergasen von Flüssigkeiten. Schon 1878 hatte er in Frankreich eine automatische Lokomotivbremse und einen explosionssicheren Dampfkessel zum Patent angemeldet, ein Jahr später in England ein Verfahren zur Reinigung von Gußeisen. 1884 entwickelte er ein Desinfektionsmittel mit Kohlendioxid und einen medizinischen Betäubungsapparat mit Ether und Chloroform.

Ich arbeitete intermittierend, erläuterte er seine Erfindermethodik, *ließ die Sache eine Zeitlang liegen und nahm sie dann wieder auf. So arbeite ich ziemlich oft, aber ich kehre immer wieder zu einer Sache zurück, von der ich das Gefühl habe, daß sie mir schließlich gelingen müßte.*[87]

Die größten Erfolge hatte Alfred Nobel aber doch wieder auf dem Sprengmittel-Sektor. Zunächst ersetzte er das gefährliche Knallquecksilber in der Sprengkapsel des Initialzünders durch eine weniger empfindliche und billigere Ladung. Darüber hinaus versuchte er eine Wasser-unempfindliche Zündschnur herzustellen. Wie viele andere Erfinder wandte er sich immer mehr dem Problem zu, das Schwarzpulver durch ein neues Schießpulver zu ersetzen, das bei der Explosion weniger Rauch entwickelte und damit die Position des Schützen nicht so leicht erkennen ließ. Hier vollzieht sich der Übergang Alfred Nobels von den anfangs überwiegend für friedliche Zwecke – Bergwerke, Steinbrüche, Tunnels usw. – geschaffenen und eingesetzten Sprengmitteln zu Verbesserungen in der Waffentechnik. Dies ist ihm natürlich zum Vorwurf gemacht worden. Es ist bemerkenswert, daß der sich und andere scharfsinnig analysierende und oft rücksichtslos und bis zum Zynismus selbstkritische Nobel sich von diesem Vorwurf offenbar nicht getroffen fühlte. Zum einen ging es ihm wohl primär um die wissenschaftliche Lösung des anstehenden Problems, die wenn nicht von ihm, dann – später – von anderen gefunden und möglicherweise weniger verantwortungsbewußt ausgenutzt worden wäre.

Zum anderen glaubte er, wie er gegenüber Bertha von Suttner zum Ausdruck gebracht hat, man könne mit überlegenen, für einen Einsatz viel zu furchtbaren Waffen einen Krieg durch die reine Abschreckungswirkung verhindern.

Auch bei der Suche nach dem rauchlosen Pulver stellte Alfred Nobel seine geniale Spürnase – und seine Ausdauer – unter Beweis. Anders als andere ging er von Zelluloid, einer hornartigen Masse aus, die beim Kneten einer Mischung von Kollodium und Kampfer anfällt. Es kann als einer der ersten Kunststoffe angesehen werden, wurde früher vor allem für fotografische Filme eingesetzt, wegen seiner Feuergefährlichkeit und Löslichkeit in Lösungsmitteln wie Aceton später von sicheren Plastikmaterialien verdrängt. Alfred Nobel schrieb zu seiner neuen Erfindung, die er nach acht Jahren – zeitweilig unterbrochener – Laborarbeit 1887 in England provisorisch patentieren lassen konnte: *Celluloid besteht in der Regel zu annähernd zwei Dritteln seines Gewichtes aus nitrierter Baumwolle. Infolge seines Gehaltes an Kampfer und der Festigkeit seiner Konsistenz geht eine Verbrennung des Celluloid, gerade wenn es feinkörnig ist, viel zu lang-sam vor sich, als daß es als Antriebsmittel für Geschosse in Frage kommen könnte. Ersetzt man den Kampfer ganz oder teilweise durch Nitroglycerin, so bekommt man ein Celluloid, dessen Konsistenz ausreicht, um daraus Körper zu formen. Wenn man damit Feuerwaffen lädt, so brennt es mit dem verminderten Schnelligkeitsgrad, der nötig ist, wenn die Substanz an Stelle von Schwarzpulver verwendet werden soll. Gegenüber diesem hat sie aber einige Vorteile. Sie besitzt größere Kraft, hinterläßt keine Rückstände und ist rauchlos oder so gut wie rauchlos.* [88]

Nobel bot sein «Ballistit» zuerst der französischen Schießpulver-Mono-polgesellschaft, der «Administration des Poudres et Salpêtres» an, die es ablehnte, weil sie gerade ein anderes Schießpulver in Heer und Marine einführte. Der französische Chemieprofessor P. M. E. Vieille hatte nicht nur 1884 das «Sarrau-Vieille Poudre B» entdeckt, sondern auch gute Be-ziehungen zu einflußreichen Politikern. Nobel kommentierte sarkastisch, daß *in den Augen aller Regierungen ein schwaches Pulver mit starken Be-ziehungen offensichtlich besser sei als ein starkes Pulver ohne diese so we-sentliche Zugabe* [89].

Italien führte das Ballistit als erste Regierung ein. 1889 erhielt das No-bel-Werk in Avigliana einen Regierungsauftrag über 300 Tonnen. Bald darauf erwarb die italienische Regierung das italienische Patent Nobels für eine halbe Million Lire.

Die französischen Behörden und die Bevölkerung registrierten die Entwicklung und den Verkauf militärisch wichtiger Materialien eines Ausländers an eine fremde Macht mit großem Mißtrauen. Nobels Schieß-versuche mit Gewehren und Mörsern auf einem vom Staat gemieteten Schießplatz in Sévran Livry in der Nähe des Versuchsgeländes der staatli-chen Monopolgesellschaft ließen den – unbegründeten – Verdacht des Diebstahls von Werksgeheimnissen aufkommen. 1891 war der zurückhal-tende Nobel das Ziel einer leidenschaftlich geführten, von Nationalstolz getragenen Pressekampagne. Öffentlich wurde er der Spionage bezich-tigt, der Präfekt des Départements Seine et Oise drohte Nobel mit zwei Monaten Gefängnis, sein Laboratorium in Sévran wurde von der Polizei durchsucht und versiegelt. Der Besitz von Feuerwaffen wurde Nobel ebenso wie das Experimentieren untersagt. Die Herstellung von Ballistit in der Dynamitfabrik Houfleur an der Seine-Mündung, das man zwar nicht übernommen hatte, dessen Überlegenheit man jedoch wohl be-fürchtete, wurde unterbunden. Die Verleumdungen und Scherereien wollten kein Ende nehmen; hinzu kam die Belastung durch den 1890 auf-gekommenen Panama-Skandal, in den sein leitender Organisator Paul Barbe verwickelt war. *Der Handel mit Sprengstoffen hat mich ganz krank gemacht*, klagte Nobel, *weil man ununterbrochen über Unglücksfälle, ein-engende Vorschriften, Bürokratie, Pedanterie, Schurkenstreiche und ande-res Lästige stolpert. Ich sehne mich nach Ruhe und möchte meine Zeit meinen wissenschaftlichen Forschungen widmen, was mir unmöglich ist, wenn mir jeder Tag neuen Ärger bringt ...* [90]

Dem achtundfünfzigjährigen Alfred Nobel blieb nichts übrig, als 1891 Paris, in dem er achtzehn Jahre gelebt hatte, zu verlassen.

Auch England war an Nobels Ballistit sehr interessiert, bereitete ihm aber eine seiner bittersten Enttäuschungen. 1888 setzte die britische Regierung eine Kommission von Sprengstoff-Experten ein «zur Überprüfung neuer Entdeckungen, besonders soweit sie sich für die Rüstung eignen, sowie zur Unterbreitung von Vorschlägen für das Kriegsministerium zur Einführung empfehlenswerter technischer Verbesserungen»[91]. Zu den Mitgliedern zählten der Chemieprofessor Frederic Abel und dessen Freund, der schottische Physikprofessor James Dewar. Mit beiden Fachleuten stand Nobel in Briefwechsel, Abel traf er von Zeit zu Zeit in Paris oder London. Die einstigen Meinungsverschiedenheiten hatte Nobel taktvoll übergangen und ihr Verhältnis war nun nahezu freundschaftlich.

Die beiden Gentlemen baten Nobel um eine genaue Beschreibung des Ballistits zur Vorlage vor der Kommission. Nobel stellte daraufhin von Herbst 1888 bis Herbst 1889 umfassende Informationen über Zusammensetzung und Herstellungsverfahren einschließlich Substanzproben des Ballistits zur Verfügung. Der hinterhältige Abel witterte seine Chance: Er wandte ein, daß Kampfer wegen seiner Flüchtigkeit ungünstig sei. Nobel experimentierte weiter und schlug unter anderem Aceton als Ersatz für Kampfer vor. Raffiniert warf Abel auch ein, daß unlösliche Nitrocellulose weit besser als die von Nobel eingesetzte lösliche sei. Dewar und Abel entwickelten nun auf der Grundlage des Ballistits und der Detailberichte

Nobels Laboratorium in Sévran, Frankreich

Nobels in den staatlichen Laboratorien insgeheim ein geringfügig variiertes Schießpulver, das 58 Prozent Nitroglycerin, 37 Prozent Schießbaumwolle und 5 Prozent Vaseline enthielt und – mit Aceton gelatiniert – in Form von Strängen («cord») gepreßt werden konnte. Beim Trocknen entwich das flüchtige Lösungsmittel Aceton und das «Cordit» war fertig. Noch während der geheimgehaltenen Patentierung in England und anderen Staaten wurde der ahnungslose Nobel im Namen der Regierungskommission geschickt über weitere Entwicklungen am Ballistit ausgehorcht. Ihr englisches Patent übereigneten sie dem Staat, die anderen behielten sie als persönliches Eigentum und verkauften sie später mit gutem Gewinn an verschiedene Regierungen. Das Cordit wurde in die britischen Streitkräfte eingeführt.

Der unverschämte Betrug kam erst ans Licht, als die schottische «Nobel's Explosives Co.», die das Ballistit-Patent erworben hatte, dem Kriegsministerium ihr neues Schießpulver anbot. Gegen den Rat des friedliebenden Nobel strengte das englische Nobel-Unternehmen einen Prozeß an, der erst 1892 begann und am Berufungsgerichtshof sowie 1895 vor dem Oberhaus unter starker Beteiligung der Presse und Öffentlichkeit fortgesetzt wurde. Er endete damit, daß die Schadenersatz-Ansprüche der Klägerin in sämtlichen Instanzen verworfen wurden und sie 28 000 Pfund Prozeßkosten tragen mußte.

Als schwacher Punkt in Nobels Patentschrift erwies sich die Formulierung: Nitrozellulose *von der wohlbekannten löslichen Art*[92]; dieser Ausdruck sei zu vage. Da die Löslichkeit einer Substanz von vielen Faktoren abhängt, stritten sich die Experten über die Definition löslich/unlöslich. Wenigstens moralisch erhielt Nobel Genugtuung, als Richter Lord Justice Kay die Ablehnungsgründe als rein formale hinstellte und ausführte: «Es ist nicht zu bestreiten, daß ein Zwerg, dem man erlaubt hat, auf den Rücken eines Riesen zu steigen, weiter sehen kann als der Riese selbst . . . In diesem Prozeß gehört meine Sympathie dem Inhaber des Originalpatentes. Herr Nobel hat eine große Erfindung gemacht, die in der Theorie etwas Außergewöhnliches, eine echte große Neuerung darstellt – und dann erhielten zwei geschickte Chemiker von ihm die Einzelheiten seines Patentes. Sie lasen sie sorgfältig durch und entdeckten dann mit Hilfe ihrer eigenen gründlichen Kenntnisse der Chemie, daß sie praktisch die gleichen Substanzen verwenden konnten, wenn sie nur eine davon abänderten, um schließlich zu denselben Ergebnissen zu gelangen. Man bemüht sich nach Möglichkeit herauszufinden, ob wirklich Herrn Nobel der Wert eines so äußerst bedeutungsvollen Patentes weggenommen werden muß.»[93]

In Briefen gab der verbitterte und menschlich enttäuschte Nobel beißende Kommentare über seine Niederlage: *Meine Mittel gestatten es mir, bezüglich der geldlichen Seite dieses Falles gleichgültig zu bleiben, aber ich kann den ausgesprochenen Ekel nicht verwinden, den ich über die hier zum Ausdruck gekommene Schäbigkeit empfinde . . . Ein Sprichwort sagt, man soll über verschüttete Milch nicht weinen – ich tue es auch nicht, aber die kränkende Ungerechtigkeit, die sich der Staat hier geleistet hat, empört mich im höchsten Maße. Ein gesundes Empfinden für Recht und Unrecht darf nicht aus der Gosse zur Krone hinaufsteigen, sondern sollte vom Gipfel abwärts sich ausbreiten. Die moralische Seite dieses ganzen Cordit-Prozesses könnte schon von Hamlet vorempfunden sein.*[94]

In seinem Groll erwachte die schriftstellerische Ader. Er formulierte ein elftes Gebot: *Du solltest nicht verbessern, denn ein verwünschter und verfluchter Erfinder sein oder nicht sein, das ist die Frage.*[95] Außerdem schrieb er eine sarkastische Parodie mit dem Titel *The Patent Bacillus*, in der er Justiz, Bürokratie und Cordit-Prozeß verspottete, die aber Fragment blieb und nicht veröffentlicht wurde.

Das rauchschwarze Nitroglycerinpulver Nobels setzte sich trotz der Widerstände durch, vor allem in Italien, Deutschland, Österreich-Ungarn, Schweden und Norwegen. England, Japan und südamerikanische Staaten blieben beim Cordit, Frankreich, Rußland und die USA entschieden sich für das auf Vieilles Arbeiten zurückgehende Nitrozellulosepulver. Die englische Prozeßverliererin, «Explosives Co.», produzierte klugerweise sowohl Ballistit als auch Cordit, wobei Nobel für letzteres die Hälfte der für das Ballistit vereinbarten Vergütung erhielt.

Internationale Trustbildung

Nobels Sprengstoffe fanden reißenden Absatz. Entsprechend wuchs die Größe seiner Fabriken und die Zahl der Neugründungen. Ein scharfer Konkurrenzkampf mit anderen Firmen, die nachgeahmte Sprengstoffe in den Handel brachten, entbrannte. Aber auch die verschiedenen Nobel-Gesellschaften selbst rivalisierten heftig miteinander, besonders um außereuropäische Absatzmärkte, die noch keine eigene Produktion hatten. Zusammen mit seinem agilen Partner Paul Barbe war Nobel zwischen 1873 und 1885 fast ununterbrochen mit dem Zusammenhalt und der Straffung der Organisation seiner Werke beschäftigt, obwohl er, wie seine Korrespondenz zeigt, sich viel lieber Erfindungsarbeiten im Labor gewidmet hätte. Der Erfolg der Nobel-Unternehmen ist zu einem großen Teil den laufenden wissenschaftlich-technischen Innovationen Alfred Nobels selbst im Dreiergespann mit der Ingenieurbegabung Liedbeck und dem glänzenden Kaufmann Barbe zu verdanken.

1875 hatten Barbe und Nobel in Paris eine technische und kaufmännische Zentrale «pour la Fabrication de la Dynamite et des Produits Chimiques» eingerichtet, die alle Nobel-Patente übernahm. Ihr Aktienkapital betrug drei Millionen Francs. Das ihr unterstehende wiedereröffnete Werk von Paulilles konnte bis 1886 zehn Millionen Reserven zurücklegen, mit denen neue Fabriken in den romanischen Ländern finanziert wurden, zum Beispiel 1884 das Werk in Ablon/Calvados an der Westküste Frankreichs. 1887 vereinigten Nobel und Barbe alle zum Teil konkurrierenden spanischen, portugiesischen, schweizerisch-italienischen Ge-

Gründungsurkunde der «Dynamit AG vormals Alfred Nobel & Co.»

sellschaften einschließlich ihrer Tochterfirmen in Mittel- und Südamerika mit der französischen Produktionsgesellschaft, der «Société Générale pour la Fabrication de la Dynamite et des Produits Chimiques», in einem

Kartell. Das Aktienkapital des neuen romanischen Trusts «Société Centrale de Dynamite» betrug 16 Millionen Francs, Generaldirektor war Paul Barbe, Alfred Nobel Ehrenpräsident, mit seinen eigenen Worten *simili-similiship*[96]. Der Trust kontrollierte Rohstoffe und deren Preise in den einzelnen Ländern. Mit dem zweiten großen, dem englisch-deutschen Trust mit Sitz in London wurde ein Vertrag geschlossen, der eine Einigung über Preise und Absatzgebiete vorsah.

Letzterer, der «Nobel Dynamite Trust Co. Ltd.», mit einem Aktienkapital von zwei Millionen Pfund, war gleichfalls unter Mithilfe von Barbe, aber auch des Engländerns Henry de Mosenthal zustande gekommen und umfaßte außer der «Nobel's Explosives Co., Glasgow» die von Barbe und Nobel zur «Deutschen Union» vereinigten Firmen «Dynamit AG vormals Alfred Nobel & Co., Hamburg», «Rheinische Dynamitfabrik, Opladen», «Deutsche Sprengstoff AG, Hamburg» mit der Fabrik Wahn bei Köln und die «Dresdner Dynamitfabrik, Dresden». Auch die belgischen, luxemburgischen, australischen und japanischen Nobel-Firmen wurden hierunter zusammengefaßt, ebenso wie mexikanische, brasilianische und weitere südamerikanische Gesellschaften. 1896 waren 47 Werke im englisch-deutschen Trust fusioniert, 28 gehörten zum romanischen Trust, und 18 Firmen waren unabhängig davon, insgesamt 93 Werke in 20 Ländern mit einer Produktion von 66500 Tonnen. Nobel gehörte seit Beginn der achtziger Jahre zur Hochfinanz, Nobel-Gesellschafts- und Trust-Aktien

Fabrik Troisdorf, 1886

waren wegen ihrer hohen Dividenden äußerst begehrt. Die Unternehmen wuchsen dank der Hochkonjunktur der Industrie und der Verkehrsmittel zu imponierender Größe.[97]

Der kaufmännisch begabte Paul Barbe hatte als leitender Organisator und Partner Nobels an dem weltweiten Aufstieg der Nobel-Unternehmen großen Anteil. Sein Ehrgeiz beschränkte sich jedoch nicht auf den kommerziellen Bereich, er betätigte sich außerdem als Politiker. Offenbar fand er mehr und mehr Gefallen an der Macht und trennte im Laufe der Zeit wohl nicht immer sauber zwischen Geschäft und Politik. Nach 1880 ließ er sich – ohne Wissen Nobels – in gefährliche und zweifelhafte Machenschaften und Spekulationen hineinziehen, die in schroffem Gegensatz zu Nobels Charakter und Korrektheit standen: *Hierin halte ich auf Redlichkeit,* äußerte Nobel einmal, *aber ich bin nicht sentimental.*[98] In finanziellen Dingen war er penibel gewesen: *Es gab eine Zeit, da hatte ich gegen große Schwierigkeiten anzukämpfen, besonders auf pekuniärem Gebiet – aber nichtsdestoweniger habe ich einen Fälligkeitstermin niemals auch nur um einen einzigen Tag überschritten. Dadurch fühlte ich mich berechtigt, die gleiche Pünktlichkeit auch von anderen zu fordern, da ich sie mir selbst ja auch auferlegt hatte.*[99]

Barbe war zusammen mit anderen hohen Staatsbeamten in Bestechungen in Zusammenhang mit der 1888 zur Mitfinanzierung des von Ferdinand Lesseps (1805–94) Ende Januar 1881 begonnenen Panamakanal-Baus aufgelegten staatlichen Lotterie über 600 Millionen Francs verwickelt. Lesseps, der Erbauer des Suezkanals (1869), hatte es fertiggebracht, einflußreiche französische Abgeordnete, darunter auch Barbe, für die an

Dynamitfabrik Krümmel, 1898

Dynamitfabrik Güsen der Deutschen Sprengstoff AG

sich verbotene Lotterie zu gewinnen. Nicht genug damit, hatten einige von Barbes Direktoren mit dessen Billigung und zum Nachteil der Firma sich in fragwürdige Spekulationen mit Glycerin eingelassen, alles hinter dem Rücken Nobels. 1889 brach die Panamakanal-Gesellschaft mit Riesenschulden zusammen. Der Bestechungsskandal wurde ruchbar, ein politischer Wirbel höchsten Ausmaßes war die Folge. Das Kabinett wurde gestürzt. Barbe starb 1890 vor Beginn des Prozesses. 1893 wurde Lesseps zu einem Jahr Gefängnis verurteilt; seine idealistische Besessenheit war als mildernder Umstand anerkannt worden. Der 1889 abgebrochene Panamakanal-Bau wurde nach 1902 von den USA wieder aufgenommen und 1914 fertiggestellt.

Nobel erfuhr von den Verwicklungen seines Teilhabers Barbe, der als einer der führenden Industriellen über Frankreich hinaus galt, während eines Aufenthalts in Hamburg. Zutiefst getroffen und schwer enttäuscht, fühlte er sich mitverantwortlich. Eine Zeitlang glaubte er, nun vollkommen ruiniert zu sein. Er trug sich mit dem Gedanken, eine Anstellung als Chemiker in einem seiner deutschen Werke zu übernehmen. Die Verluste erwiesen sich jedoch als weniger gravierend, als er zunächst befürchtet hatte. In seinen raschen und gezielten Reaktionen zeigten sich seine organisatorischen Fähigkeiten: Mit einer Gesellschaftsanleihe deckte er die Verluste, wobei er selbst ein großes Aktienpaket übernahm. Die in den Skandal verwickelten Direktoren der «Société Générale» und der «So-

Werk Troisdorf, 1902

ciété Dynamite» entließ er auf der Stelle, zum neuen Generaldirektor der
Gesellschaft, deren Kapital 20 Millionen Francs betrug, ernannte er Paul
de Buit, einen korrekten, angesehenen Geschäftsmann ohne politische
Ambitionen.

Der in vier Sprachen geführte Briefwechsel Nobels aus jenen Tagen
macht klar, daß ihn der Verlust einiger Millionen Francs weniger erschüt-
terte als die Habgier und Perfidie enger Mitarbeiter und von Beamten: ...
*Ich möchte mich aus dem Geschäftsleben völlig zurückziehen – und jeder
Art von Geschäften ... für mich ist es eine Plage, als Friedensstifter in ein
Nest voller Geier zu kommen ... Es besteht nicht die geringste Veranlas-
sung dazu, daß gerade ich, der ich in Handelsgeschäften keineswegs geübt
bin und sie sogar aus tiefster Seele hasse, mich mit all diesen kommerziellen
Dingen herumplagen soll, von denen ich kaum mehr verstehe als der Mann
im Mond. Die Gesellschaften in Amerika, Schweden und Norwegen kommen augenblicklich sehr gut aus, ohne mich dauernd mit ihren geschäftlichen Angelegenheiten zu belästigen, und ich sehe nicht ein, weshalb das die
anderen Gesellschaften nicht auch können sollten.*[100]

In einem Brief fragt er voll Bitterkeit: *Sie spielen auf meine vielen
Freunde an. Wo sind sie? Im schlammigen Grund verflüchtigter Illusionen
oder im Geldsumpf stecken geblieben? ...*[101]

Tatsächlich legte er vor seiner Übersiedlung nach San Remo im Jahre
1891 energisch und mit Erleichterung seine Mitgliedschaften in allen Vor-
ständen der Sprengstoffgesellschaften nieder. Trotzdem behielt er wegen

seiner Autorität als Erfinder, Gründer und Hauptaktionär, aber auch wegen seiner Persönlichkeit einen beherrschenden Einfluß auf sie.

Trotz seines Hangs zur Abkapselung hatte er sich in Paris nicht ganz von Kontakten zu anderen Menschen ausgeschlossen: *Leider ist es so im Leben, daß der, der sich jedem gebildeten Umgang entzieht und den Ideenaustausch mit denkenden Menschen versäumt, schließlich dazu untauglich wird und sowohl in den eigenen Augen als in denen anderer die Achtung verliert, die er sich erworben hat.*[102]

Bertha von Suttner hatte den Dreiundfünfzigjährigen 1887 mit ihrem Mann aufgesucht: «Ich fand ihn unverändert, nur etwas grau geworden, aber in seine Arbeiten und Erfindungen vertiefter als je. Der Meine interessierte sich heftig für seine chemischen Arbeiten, die er ihm an der Hand seiner Tiegel und Apparate eingehend erklärte, als er uns an einem der nächsten Tage, für den er uns zu Tisch gebeten, die Honneurs seines Hauses und seines Laboratoriums machte. Er lebte noch immer sehr abgeschlossen von der Welt; das einzige Haus, das er manchmal besuchte, war das der Madame Juliette Adam, und er führte uns dort ein.»[103]

Die Schikanen der französischen Regierung und die Angriffe der Presse nach der Ballistit-Erfindung und dem Panama-Skandal waren nicht die einzigen Belastungen, denen Nobel ausgesetzt war. 1888 starb sein Bruder Ludvig, 1889 seine geliebte Mutter. Zu allem Überfluß verwechselte die Weltpresse den Ölmagnaten Ludvig mit dem Dynamitkönig Alfred Nobel und verbreitete zahlreiche, wenig objektive, in Frankreich sogar feindselige Nachrufe auf ihn. Seinen Unmut über aufdringliche Zeitungsreporter drückte Alfred in einer Antwort an ein Gremium aus, das eine öffentliche Ehrung für Louis Pasteur (1822–95) plante: *Ich bin überzeugt, daß Pasteur selbst alle Manifestationen dahin wünscht, wo der Pfeffer wächst, und daß alle Reklame, die für seinen Namen gemacht wird, ihm unangenehm ist und wegen der Zunahme der Besuche nur ermüdet. Wie alle notablen Persönlichkeiten hat er selten vor dem ärgsten Ungeziefer Ruhe, das es gibt, nämlich den Zeitungsreportern. Läuse sind dagegen eine Wohltat, und wenn man für diese zweibeinigen Pestmikroben ein Ausrottungspulver beschaffen könnte, wäre das ein großer Segen. Pasteur hat, wie ich glaube, viel unter der Zudringlichkeit der Reporter zu leiden und ist davon so erschöpft, daß er gern auf die Huldigung der Gelehrten verzichten würde.*[104]

Seine Hoffnung, Sofie Heß zu seiner Lebensgefährtin machen zu können, erwies sich als törichter Traum. Auf dem Gipfel seines Ruhms und Reichtums fühlte sich Alfred Nobel mit 58 Jahren als erschöpfter, gequälter, einsamer Mann.

San Remo (1891–1894)

In dieser Situation beschloß er 1891, nach San Remo, Italien, umzuziehen. Abgesehen davon, daß er seine Versuche fortführen wollte, hoffte er, das milde Klima würde sich günstig auf seine empfindlichen Bronchien und seine chronische Erkältung, seine *Nitroglycerin-Kopfschmerzen*[105] auswirken und die Anzeichen von Skorbut, die er als Folge seiner strengen Diät spürte, heilen.

Der Umzug fiel ihm nicht leicht. Seinem Neffen Emanuel in Rußland schrieb er: *Ich war gerade mit sehr interessanten Dingen beschäftigt, die eingestellt werden mußten. Mein Laboratorium ins Ausland zu verlegen, ist keineswegs leicht, auch abgesehen von den hohen Kosten.*[106]

San Remo an der Riviera di Ponente westlich von Genua war Nobel von seinen Erholungsreisen her bekannt. Er konnte eine im pompejanischen Stil erbaute Villa in herrlicher Lage am Meer in einem großen Park mit Orangenhainen kaufen und neu einrichten. Der Besitz hieß «Mio Nido» (Mein Nest), später änderte Nobel den Namen in «Villa Nobel», nachdem sein Freund Gustav Aufschläger, Generaldirektor der Hamburger Gesellschaft, scherzhaft bemerkt hatte: «... ein Nest dient aber normalerweise zwei Vögeln zur Wohnung und nicht einem allein.»[107]

Im Park ließ sich Nobel ein eigenes Laboratoriumsgebäude errichten, mit Experimentiersaal, Wägezimmer, Bibliothek und Maschinenraum mit elektrischem Generator. Zur Ausstattung gehörten modernste Apparate aus Deutschland. Für Schießversuche im Freien ließ er sich eine lange schmale Stahlbrücke ins Meer hinaus bauen.

Sein Pariser Assistent Fehrenbach wollte Paris nicht verlassen, und so engagierte er den Engländer G. Hugh Beckett als Chefassistenten. 1893 stellte er noch den dreiundzwanzigjährigen schwedischen Sprengstoff-Chemiker Ingenieur Ragnar Sohlmann ein. Der talentierte, bescheidene und unbestechliche Sohlmann gehörte bald nicht nur, wie Nobel selbst sagte, *zu seinen wenigen Günstlingen*[108], sondern wurde später Testamentsvollstrecker Nobels, Betreuer der Nobel-Stiftung und sein Biograph.

Die Villa Nobels in San Remo

Die Villa Nobel in San Remo vor etwa zwanzig Jahren

Laboratorium Nobels in San Remo

Erfindungen nach 1890

Nun hatte Alfred Nobel die Voraussetzungen für weitere Erfindungen geschaffen. Zwar gelangen ihm in den folgenden Jahren nicht mehr so spektakuläre Entwicklungen wie früher, es ist jedoch für diese Zeit sehr charakteristisch, daß er eine große Zahl von Projekten anpackte, für die er Lösungsansätze und -möglichkeiten aufzeigte, die sich später als fruchtbar erwiesen. Er versuchte, Raketengeschosse, mit denen in Ame-

rika schon experimentiert worden war, zu konstruieren. Für letztere verwandte er lange Stahlhülsen, die er am unteren Ende mit einem Raketenantrieb versah. Die ausströmenden Pulvergase brachten die Rakete mittels einer Axialturbine zur Rotation, um eine Steuerung zu ermöglichen. Die Zielgenauigkeit ließ allerdings zu wünschen übrig, und über vier Kilometer Reichweite kam er nicht hinaus.

Daneben bemühte sich Nobel um ein Verfahren, die Innenwand von Kanonenrohren durch Aufdornen zu verbessern. In ähnlichem Zusammenhang arbeitete er an selbstdichtenden Führungsbändern für Geschosse, die das Ausbrennen von Gewehr- und Kanonenläufen verhindern sollten. Zur Untersuchung der Wirksamkeit seiner Geschoßdichtung konstruierte er eine originelle Doppelkanone mit gemeinsamem Laderaum und zwei gezogenen Läufen, aus denen zwei Geschosse – eines mit, eines ohne Führungsband – in genau entgegengesetzter Richtung abgefeuert werden konnten, wodurch der Rücklauf aufgehoben wurde.

An einen seiner Ingenieure schrieb Nobel: *Das Geschehen in einem Kanonenrohr ist genausowenig kalkulierbar und unvorhersehbar, wie die geheimnisvollen Geschehnisse in einem Frauenherzen.*[109]

Der vornehmen Nachbarschaft waren Nobels schießtechnische Versuche ein Ärgernis. Die benachbarte «Villa Rossa» kaufte Nobel kurzerhand auf und benutzte sie künftig als Gästehaus. Auf einem Motorboot aus Aluminium fuhr er manchmal Gäste spazieren, so auch Bertha von Suttner und deren Mann im Jahre 1892: «Wir saßen zurückgelehnt, in bequemen Bordstühlen mit weichen Plaids bedeckt, ließen das Zauberpanorama der Ufer an uns vorübergleiten und sprachen über tausend Dinge zwischen Himmel und Erde. Nobel und ich kamen sogar überein, daß wir zusammen ein Buch schreiben würden, ein Kampfbuch gegen alles, was die Welt in Elend und in Dummheit erhält.»[110]

Daneben arbeitete Nobel fieberhaft an neuen Erfindungen auf allen möglichen Gebieten, wenn es sein mußte, auch mit einer kühlen Kompresse auf der Stirn gegen Kopfschmerzen. Sein Interessengebiet weitete sich stark aus. Es erstreckte sich von der Chemie über die Elektrochemie zur Optik, Mechanik, Biologie, Physiologie. Wenn ihm die genaue Sachkenntnis fehlte, wie bei biologischen und physiologischen Problemen, konnten seine Ideen mitunter die Grenzen des Machbaren überschreiten. Er schien dies einzukalkulieren, denn 1895 schrieb er in einem Brief: *Man muß ja unbedingt ein unverbesserlicher Phantast sein, um überhaupt mit seinen Bemühungen Glück zu haben.*[111] Entdeckungen aus aller Welt reizten ihn zur Nachprüfung und zu Verbesserungen. An – zum Teil phantastischen – Einfällen mangelte es ihm nicht.

Im angeregten Gespräch mit Damen konnte er – voll schwarzen Humors – detaillierte Pläne für eine Selbstmordmaschine entwickeln, die einen bequemen Abgang aus dem irdischen Jammertal gewährleisten sollte.

Gewöhnlich sah er die Dinge allerdings – aus Erfahrung – realistisch: *Wenn ich in einem Jahr tausend Ideen habe, und nur eine einzige davon erweist sich als brauchbar, so kann ich vollkommen zufrieden sein.*[112]

Immerhin brachte er es auf insgesamt 355 Patente. Es scheint, daß kein anderer Erfinder – ausgenommen Edison – sich mit so vielen verschiedenen Problemen gleichzeitig beschäftigt hat. Manches ließ er nicht patentieren, wie seinen Füllfederhalter, eine Eigenkonstruktion, die ihn auf Reisen weniger vom Tintenfaß abhängig machte. Seine Reisetasche hatte er individuell entworfen, um seine wichtigsten Utensilien so rationell wie möglich unterzubringen. Aber auch mit dem Phonographen, dem Telefon, mit Akkumulatoren und Glühlampen experimentierte Nobel. Durch Erzeugen und Schmelzen von Tonerde bei hohen Temperaturen versuchte er Edel- und Halbedelsteine wie Rubine, Saphire herzustellen. Er erhielt zwar nur winzige Kristalle; heute werden solche synthetischen Steine nach weiterentwickelten Verfahren erzeugt.

1893 nahm Nobel im Laboratorium in San Remo unter Mitarbeit des schwedischen Ingenieurs und späteren Patentinhabers R. W. Strehlenert Versuche zur Herstellung künstlicher Seide aus Nitrozellulose und Zellulose auf. Letztere preßten sie in gelöstem Zustand durch eine Siebplatte, wobei Kunstseidefäden gesponnen wurden, die durch entsprechende Behandlung ihre spätere Konsistenz annahmen. 1896 ließ sich Nobel eine gläserne Siebplatte patentieren, deren feine Öffnungen er mittels eingeschmolzener Platinfäden erzeugte, die anschließend mit Königswasser herausgelöst wurden. Diese Verfahren wurden weiterentwickelt, und ähnlich versponnene Kunstfasern erlangten große Bedeutung.

Die Entwicklung in der Luftfahrt sah er schon 1892, ein Jahrzehnt vor den Flügen der Gebrüder Wright, mit erstaunlichem Weitblick voraus: *Sicher reizt mich die Fliegerei, aber wir dürfen uns nicht einbilden, wir könnten diesem Problem mit Ballons zu Leibe rücken. Wenn ein Vogel einmal eine große Geschwindigkeit erreicht hat, so kann er die Schwerkraft*

Alfred Nobels Reisetasche

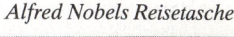

alleine mit einer leichten Bewegung seiner Flügel überwinden. Damit ist keine Zauberei im Spiel; denn was ein Vogel kann, muß der Mensch auch zustande bringen. Was wir brauchen sind schwebende Flöße, die in großer Geschwindigkeit vorwärtsgetrieben werden. Eine Brieftaube fliegt in drei Stunden die Strecke von Paris nach San Remo.[113] Man wird an die heutigen Jumbo-Jets erinnert.

Auch die Bedeutung des Atoms erkannte er früh: *... seit die Elektrizität und in ihren Spuren der menschliche Gedanke in einer Viertelsekunde die Erde zu umkreisen vermag, kann ich nur noch tiefe Verachtung für die armseligen Ausmaße unseres Globus empfinden. Nun gilt mein Interesse einem wesentlich kleineren Weltkörper, den man «Atom» nennt. Seine Gestalt, seine Bewegungen und seine Bestimmung als Individuum wie als Zelle, die das ihre zum Leben des Universums beiträgt, nehmen meine Gedanken mehr gefangen, als sie es eigentlich sollten.*[114] Heute beschäftigen sich breite Bevölkerungskreise damit.

Schon Anfang der neunziger Jahre interessierte er sich auch für kartographische Aufnahmen aus der Luft. Noch 1896, vier Monate vor seinem Tod, schrieb er an Sohlmann: *... Ich trage mich mit dem Gedanken, einen kleinen Ballon starten zu lassen, der mit einem Fallschirm, einer Kamera und einem kleinen Uhrwerk oder einem Zeitzünder ausgerüstet ist. In der entsprechenden Höhe soll der Ballon automatisch entleert oder von dem Fallschirm getrennt werden, so daß dieser mit den Aufnahmen in der Kamera zu Boden gehen kann.*[115]

Alfred Nobel war großzügig und weitsichtig genug, auch Vorhaben anderer Erfinder zu fördern: *... denn jede neue Entdeckung hinterläßt in den Gehirnen der Menschheit Spuren, die es ermöglichen, daß desto mehr Gehirne der nächsten Generation entstehen, die imstande sind, neue Gedanken auf kulturellem Gebiet aufzufassen.*[116]

Die Technik rechnete er mit zur Kultur, womit er heute auf einigen Widerstand stoßen würde.

1890 beauftragte Nobel den begabten jungen späteren Professor J. E. Johansson, ein halbes Jahr lang im Sévran-Laboratorium in Paris an der Erforschung der Bluttransfusion zu arbeiten, die Nobel zu dieser Zeit faszinierte: *... denn diese Erkenntnis kann, wenn man sich ihrer zu bedienen weiß, zu den überraschendsten Erfolgen führen.*[117] Er vermachte dem Karolinischen Institut aus dem Erbe seiner Mutter 50 000 Kronen zur Gründung des *Caroline-Andriette-Nobel-Fonds für experimentelle medizinische Forschung auf allen Spezialgebieten sowie für die Veröffentlichung ihrer Ergebnisse und ihren Gebrauch in der wissenschaftlichen Lehre.*[118] Er trug sich sogar mit der Absicht, ein Institut für solche medizinischen Forschungen errichten zu lassen. Diese Gedanken wurden später bei der Einrichtung der Nobel-Stiftung berücksichtigt.

Zusammen mit dem schwedischen Ingenieur Rudolf Lilljeqvist gründete Nobel 1895 in Bengtfors die «Elektrokemiska AB», eine Firma, die Chemikalien für industrielle undmedizinische Zwecke herstellte und galvanische Versilberungen durchführte. Sie entwickelte sich später zu einem führenden Unternehmen. Experimente Nobels mit anderen Elektrolysemethoden, mit dem Ziel der Darstellung von Natriummetall, blieben unvollständig.

Nobel unterstützte auch die Brüder Birger (1872–1948) und Fredrik (1875–1964) Ljungström finanziell, von denen er einmal schrieb, es sei *angenehm, mit so ungewöhnlich begabten und dabei doch wirklich bescheidenen Leuten zu arbeiten, wie den Herren Ljungström*[119]. Einige ihrer Erfindungen wie das Svea-Zweirad mit veränderlicher Übersetzung, Dampfboiler, Lufterhitzer und Turbinen-Lokomotiven waren sehr erfolgreich und wurden später von den «Svenska Turbinfabriks AB Ljungström» (STAL) und anderen Werken weltweit vertrieben.

Bei der Unterstützung eines anderen Projekts bewies Nobel beachtlichen Mut zum Risiko: 1896 half er dem schwedischen Staatlichen Chefingenieur und Luftschiffer S. A. Andrée bei der Finanzierung des waghalsigen Vorhabens, den Nordpol mit einem lenkbaren Ballon zu erforschen. Obwohl selbst Fachleute den Plan als sinnlose Tollkühnheit abtaten, vermachte er diesem testamentarisch die beträchtliche Summe von 80000 Kronen in bar mit folgender Begründung: *Wenn Andrée sein Ziel erreicht, selbst wenn er es nur halb erreicht, wird dies einer jener Lärm und Gärung verursachenden Erfolge sein, welche die Geister bewegen und das Entstehen und die Aufnahme neuer Ideen und neuer Reformen bewirken, und damit will ich auch der Sache des Friedens dienen ...*[120] Am 11. Juli 1897 stieg Andrée mit zwei Begleitern auf. Sie blieben verschollen, bis am 6. August 1930 ihre Überreste und Notizen auf der Insel Vitö entdeckt wurden.

Ragnar Sohlmann, Assistent und Freund Nobels, schrieb später über jene Erfindungen Nobels, die nicht auf dem Waffensektor liegen: «... Viele seiner neuen Ideen mögen den nüchternen Technikern und Industriellen als bloße Grillen und Launen der Phantasie erscheinen. Dabei sollte aber nicht vergessen werden, daß ein Großteil dieser von zeitgenössischen Technikern abgelehnten Ideen von Nobel selbst praktisch ausgeführt wurde und dann doch zu ungeheurer Bedeutung gelangte. Man sollte auch bedenken, daß seine Ideen teilweise in anderer Richtung oder auf anderen Gebieten angewendet wurden, als ihr Urheber beabsichtigt hatte. Im Überfluß seiner Einfälle ist der geborene Erfinder ebenso freigebig wie die Natur fruchtbar im Hervorbringen neuer Lebenskeime ist. In der Regel findet nur ein kleiner Teil den zu seinem Gedeihen nötigen brauchbaren Boden ... Diese geistigen Keime aber vermögen ihre Lebenskraft über Jahrzehnte hinweg zu erhalten, manchmal sogar für Jahrhunderte. Sobald ihnen die nötigen Lebensbedingungen geboten werden, beginnen sie zu wachsen und Gestalt anzunehmen ... Überdies ist die technische Entwicklung historisch durch all die Bemühungen und Gedanken bedingt, die von verschiedenen Erfindern für die Lösung von Problemen aufgewendet wurden – dabei spielt es keine Rolle, ob diese Mühe in jedem Fall durch den Erfolg belohnt wurde.»[121]

Neben allen anderen Tätigkeiten brachte es Nobel fertig, in San Remo erfolgreich an der Entwicklung des sogenannten progressiven rauchschwachen Pulvers zu arbeiten. 1896 konnte er das schwedische Erstpatent anmelden. Zweck des Pulvers war, *die Mündungsgeschwindigkeit des Projektils zu beschleunigen, ohne daß der Maximaldruck innerhalb der Waffe vergrößert wird. Gleichzeitig verfügt dieses Pulver über eine gewisse zunehmende Steigerungskraft bei der Zündung, wodurch der Druck erhalten bleibt, solange sich das Projektil im Lauf vorwärtsbewegt: So wird die gesamte Schußwirkung vergrößert. Dieser fortschreitende Verbrauch des Pulvers wird auf zweierlei Weise erreicht: Mechanisch in dem Oberflächengebiet des Pulverkügelchens durch die immer größer werdende Steigerung während des Verbrennungsprozesses; auf chemischem Wege dadurch, daß die einzelnen Pulverkügelchen aus verschiedenen Lagen bestehen, die so angeordnet sind, daß der Verbrennungsgrad der inneren Lagen größer ist und sich deshalb mit der zunehmenden Verbrennung vergrößert.*[122]

Tests mit progressivem Pulver wurden 1895 und 1896 im neuen Laboratorium in Björkborn, Bofors in Schweden unternommen. Weiterentwikkeltes progressives Pulver wurde später zur Herstellung von Infanteriemunition eingesetzt.

Die Technik der Feuerwaffen schien Nobel – seit seiner Erfindung des Ballistits – vor allem als geistiges Problem zu interessieren. Es klingt paradox, daß er nahezu gleichzeitig – auf Grund seiner Abneigung gegenüber Gewalt und Krieg – immer mehr zum Gegner allen Waffengebrauchs wurde: *Ich für mein Teil wünsche alle Gewehre und Alles, was dazugehört, zum Teufel; dort ist der richtige Ort, sie zu zeigen und zu gebrauchen.*[123]

Gerade in seinen letzten Lebensjahren bemühte er sich jedoch um viele Verbesserungen auf dem Gebiet der Zündschnüre, des lautlosen Schießens, des Schweißens, Lötens und Härtens von Metallen, der Sicherheit, Rotation und Kühlung von Projektilen, Raketen und vieles mehr.

Sogar an seinem 60. Geburtstag am 21. Oktober 1893 arbeitete er – wie aus seinen Notizen hervorgeht – an dem *Patent für das geräuschlose Abfeuern von Waffen*, außerdem an der *Beseitigung störender Geräusche im Phonographen*, daneben dachte er *über den Ankauf des schwedischen Eisenwerks Bofors* nach.[124]

Alfred Nobel als Pazifist

Es war eine nicht leicht verständliche, geradezu widersprüchliche Eigenart seines Wesens, daß Nobel, der sich lange Jahre mit der Entwicklung von Verbesserungen von Waffen beschäftigt hatte, die auch für Kriegszwecke nutzbar waren, immer stärker mit Fragen der Sicherung und Erhaltung des Friedens auf der Welt auseinandersetzte. Schlug dem alternden Nobel, der mit dem Ballistit und anderen umwälzenden Entwicklungen zweifellos zur Kriegstechnik beitrug, sein Gewissen?

Die Anwendung seiner Sprengstoffe, die er für friedliche Zwecke erfunden hatte, als Waffen bekümmerte ihn zwar, er empfand jedoch offenbar keine tiefen Gewissensbisse, denn *es gibt nichts auf der Welt, was man*

nicht mißverstehen oder mißbrauchen kann[125]. Er glaubte auch daran, daß seine Sprengstoffe durch ihren Nutzen beim Berg-, Tunnel- und Straßenbau hinreichend gerechtfertigt seien. Schon vor 1876, besonders aber 1887 nach der Erfindung des Ballistits, hatte er den noch heute diskutierten – wohl nicht allgemein akzeptierbaren – Gedanken ausgedrückt, man müsse die Waffen so vervollkommnen, daß ihr bloßes Vorhandensein zur Abschreckung von Kriegen diene.

Die Frage, wann Nobels Interesse an der Friedensförderung und seine Gegnerschaft gegen den Krieg erwachte, ist unterschiedlich beantwortet worden. Am wahrscheinlichsten ist, daß Neigungen angeboren waren und «durch das Studium und die Erfahrungen, die er auf den Seiten des großen Buches der Natur selbst gemacht hatte»[126], weiterentwickelt wurden.

Als geistig reges Kind mit guter Beobachtungsgabe war er während seines fortwährenden Krankseins innerlich gereift. Seine frühen Gedanken um das Geheimnis des Lebens und das Unglück in der Welt ließen ihn nach dem Sinn des Lebens suchen und nach persönlicher Freiheit streben. Fortschritt und menschliches Glück, so glaubte er mehr und mehr, könnten nur in freundschaftlichem Nebeneinander gedeihen. Streit und Gewalt stießen ihn ab: *Ich hasse den Streit wie die Pest, selbst mit Leuten, die mir Grund dazu gegeben haben*[127], schrieb er 1883.

Daß er Streitigkeiten lieber aus dem Weg ging, auch wenn er dadurch hohe Verluste hinnehmen mußte, hatte Nobel mehrfach bewiesen, so bei den Verhandlungen in den USA und beim Cordit-Prozeß. Er vermittelte oft bei Differenzen zwischen seinen Gesellschaften oder Direktoren, bei Patentprozessen; in seiner Grundhaltung war er stets auf Versöhnlichkeit bedacht. Er war sich bewußt, wie wichtig es war, Konflikte zwischen Völkern ohne Kriegsführung zu schlichten, ebenso wie im täglichen Leben positive Arbeit ohne Frieden schlecht möglich ist. Immer wieder kam er zu der Schlußfolgerung, der Krieg sei *der schrecklichste der Schrecken und das größte aller Verbrechen*[128].

Schon 1855 hatte er wohl seine Abneigung gegen Kriege zum Ausdruck gebracht, als er als junger Mann auf Befehl der russischen Regierung Minen für die Verteidigung der Festung Kronstadt herstellte: ... *Dieser Ort wird mir gewiß nicht in angenehmer Erinnerung bleiben ... in Rußland steht die Pflicht dem Herrscher gegenüber noch höher als die Pflicht, die man Gott gegenüber hat.*[129]

Schon mit achtzehn Jahren hatte Alfred Nobel Werke der Weltliteratur in ihrer Ursprache gelesen. In den Werken Percy Bysshe Shelleys, des freisinnigen, unbeirrbar utopischen und romantisch-enthusiastischen Pazifisten, der schon mit 30 Jahren starb, fand Nobel Parallelen zu einigen seiner charakterlichen Veranlagungen. Shelley dürfte ihn vor allem in seiner Einstellung zum Frieden und zur Freiheit beeinflußt haben. Nobel stand allerdings fester auf dem Boden der Tatsachen und hatte konkretere Ziele als der Dichter, der glaubte, man könne unabhängig von Konfessionen auf der Erde einen Weltgeist blühen lassen, der allen Glück und Frieden brächte.

Es trifft nicht zu, daß Nobels Friedensliebe von Bertha von Suttner geweckt worden sei, wie in polemischer Weise behauptet wurde. Die Begegnung mit der österreichischen Verfechterin der Friedensidee hat ihn sicher mitbeeinflußt; sie selbst hat dies 1909 in ihren Memoiren herausgestellt. Ihr Einfluß dürfte jedoch zu spät gekommen sein, um Grundlegendes bewirkt zu haben.

Sie waren sich lediglich dreimal begegnet: 1876, 1887 und 1892. Beim ersten Zusammentreffen in Paris hatte Bertha Kinsky noch keinerlei aktives Interesse an der Friedensförderung. Nach ihren Memoiren war es sogar Nobel, der die Frage nach dem Weg zum Weltfrieden aufwarf. Aus der gegenseitigen Achtung und Bewunderung entwickelte sich ein freundschaftlicher Briefwechsel. Von den etwa 30 Briefen aus den achtziger Jahren handeln etwa die Hälfte vom Frieden.

In diesem Zusammenhang hatte er ihr gegenüber auch den Wunsch geäußert, einen Stoff oder eine Maschine zu konstruieren, deren furchtbare Wirkung Kriege verhindern könne.[130] Im April 1885, mehr als zwei Jahre vor dem zweiten Treffen mit Bertha von Suttner in Paris, schrieb er an einen belgischen Pazifisten: *Ich neige mehr und mehr zu philosophischen Betrachtungen. Mein Zukunftstraum unterscheidet sich kaum von Diokletians Krautacker, der mit dem Wasser des Lethe bewässert wird. Je mehr ich die Geschütze dröhnen höre, je mehr ich Blut fließen sehe, je mehr ich sehe, daß Plünderung rechtmäßig und der Gebrauch des Revolvers sanktioniert ist, desto lebhafter und intensiver wird dieser Traum in mir.*[131] Im Januar 1887 schrieb er nach England, sein *Wunsch, die rosenrote Knospe des Friedens in diesem Pulverfaß Welt zu sehen, werde immer dringlicher*[132].

Bei der zweiten Begegnung war Bertha von Suttner bereits begeistert von der Idee der Friedensbewegung, nachdem sie die Schrecken des russisch-türkischen Krieges kennengelernt hatte. «Das gibt es?» hatte sie 1887 «elektrisiert» gefragt, als sie von dem Pazifisten Dr. Wilhelm Löwenthal auf die in London operierende «Internationale Gesellschaft für Frieden und Schiedsgerichtsbarkeit» aufmerksam gemacht wurde.[133]

Sie begann ihren engagierten Briefwechsel mit Friedensfreunden in aller Welt. 1889 brachte sie, nach der Ablehnung durch mehrere Verlage, den Roman «Die Waffen nieder» heraus, der in mehrere Sprachen übersetzt großes Aufsehen erregte. Er enthält in Form einer Lebensbeichte das Schicksal einer Frau, die vier Kriege erduldet und den ersten und zweiten Mann verliert. Am Schluß ruft sie leidenschaftlich zur Gründung einer Friedensorganisation auf. Sie sandte das Buch auch an Alfred Nobel. Am 1. April 1890 schrieb er ihr distanziert, aber humorvoll: *Doch Sie haben Unrecht, wenn Sie rufen «Nieder mit den Waffen», denn Sie selbst gebrauchen sie ja, und da es Ihre Waffen sind – der Zauber Ihres Stils und die Größe Ihrer Ideen – reichen sie weiter und werden sie stets weiter reichen als die der Lébel... und alle anderen Werkzeuge der Hölle.*[134] Nicolas Lébel (1835–91), ein französischer Offizier, hatte ein kleinkalibriges Mehrladegewehr gebaut, mit dem die französische Armee ausgerüstet worden war. In Wien rief Bertha von Suttner die «Gesellschaft der Friedensfreunde» ins Leben. Auf den im gleichen Jahr in der «Neuen Presse» in Wien erschienenen flammenden Aufruf Bertha von Suttners gegen Krieg und Rüstung, der auch in einigen Pariser Zeitungen zu lesen war, schrieb Nobel: *Liebe Freundin! Ich freue mich über die Feststellung, daß Ihre beredten Angriffe gegen den Schrecken aller Schrecken – den Krieg –*

in der französischen Presse erschienen sind. An eine Anti-Kriegs-Einstellung in Frankreich, das den Verlust Elsaß-Lothringens nicht verschmerzt hatte, glaube er nicht, denn 99 von 100 der dortigen Leser seien dem *Chauvinistenwahn* verfallen.[135]

Mit den ehrgeizigen, weitreichenden Programmen der Friedensgesellschaft, die ihm Bertha von Suttner regelmäßig zusandte, nicht ohne um eine Geldspende bittend, war Nobel nicht immer einverstanden.

Ähnlich konsequent, jedoch ziemlich befremdlich und fragwürdig, klingen seine 1890 dem Rüstungsmagnaten E. Schneider jun. gegenüber gemachten Äußerungen: *Eine Erhöhung der tödlichen Präzision des Kriegsmaterials wird uns den Frieden nicht sichern. Die beschränkte Wirkung der Sprengstoffe bildet in dieser Hinsicht ein großes Hindernis. Es gibt nur ein Mittel der Abhilfe: Der Krieg muß so geführt werden, daß nicht nur der Soldat an der Front, sondern auch die Zivilbevölkerung in der Heimat von der Vernichtung bedroht wird. Lassen Sie das Damokles-Schwert über jedermanns Haupt schweben, meine Herren, und Sie werden Zeugen eines Wunders werden – jegliche kriegerische Handlung wird innerhalb kürzester Zeit eingestellt werden, wenn die Waffen zum Beispiel bakteriologischer Natur sind.*[136]

Im Oktober 1891 übersandte er Bertha von Suttner den recht kleinen Betrag von 80 englischen Pfund, begleitet von folgenden Zeilen:

... Ich glaube, daß es nicht das Geld ist, das fehlt, sondern das Programm. Die Beteuerungen allein sichern den Frieden nicht. Man kann davon genauso auf großen Diners mit großen Worten reden. Man müßte den wohlgesonnenen Regierungen einen annehmbaren Plan vorlegen. Mit dem Verlangen nach Abrüstung macht man sich fast lächerlich, ohne jemandem zu nützen. Die sofortige Gründung eines Schiedsgerichts zu fordern, würde bedeuten, tausend Voreingenommene vor den Kopf zu stoßen, und aus jedem Ehrgeizigen einen Gegner zu machen. Man sollte, um zum Ziel zu kommen, sich mit den bescheidensten Anfängen begnügen und das tun, was man in England auf gesetzgeberischem Wege mit ungewissem Erfolg tut. Man begnügt sich in diesem Fall damit, ein provisorisches Gesetz zu erlassen, dessen Dauer auf zwei Jahre begrenzt ist, oder auch nur auf eins. Ich kann mir nicht denken, daß sich viele Regierungen weigern werden, einen so bescheidenen Vorschlag anzunehmen unter der Bedingung, daß er von hochgestellten Staatsmännern unterstützt wird.

Wäre es z. B. zuviel verlangt, daß sich die europäischen Regierungen während der Dauer eines Jahres verpflichteten, alle entstehenden Meinungsverschiedenheiten einem zu diesem Zweck bestellten Gericht vorzutragen? Oder, wenn sie das nicht wollten, jeden Akt der Feindseligkeit so lange zu unterlassen, bis die Erregung abgeklungen ist?

Das scheint wenig, aber gerade wenn man sich mit Wenigem begnügt, kommt man zu großem Erfolg. Ein Jahr ist so wenig im Leben der Völker, auch der streitbarste Staatsmann wird sich sagen, daß es sich nicht lohnt, gegen eine Übereinkunft von so kurzer Dauer anzurennen. Und beim Ablauf des Termins werden sich alle Staaten beeilen, den Friedenspakt um ein

Jahr zu verlängern. Man kommt auf diese Weise ohne Erschütterung und fast unvermutet zu einer verlängerten Friedenszeit.

Nur so wird man mit Erfolg daran denken können, langsam eine Abrüstung zu betreiben, die alle ehrenhaften Menschen und fast alle Regierungen wünschen.

Und angenommen, daß trotzdem ein Streit zwischen zwei Regierungen ausbricht, glauben Sie nicht, daß sie in neun von zehn Fällen sich beruhigen werden während eines Waffenstillstandes, dem sie sich unterwerfen müßten?

Glauben Sie, verehrte Baronin, an meine herzlichsten Gefühle, A. Nobel.[137]

Die Einladung Bertha von Suttners zum vierten Friedenskongreß 1892 in Bern schlug Nobel aus. Er lud jedoch das Ehepaar Suttner auf seine Aluminiumyacht auf dem Züricher See ein. Unerkannt hatte er jedoch am Kongreß teilgenommen. Er bekannte offen, daß er die Begeisterung Bertha von Suttners nicht teilen könne, sie sei etwas, *das mir meine Lebenserfahrungen und meine Mitmenschen stark abgeschwächt haben*[138]. Trotzdem beschloß er unter diesen Eindrücken, in Zukunft Friedensinitiativen gezielt zu fördern. 1892 nahm er zu diesem Zweck den ehemaligen türkischen Diplomaten Gregoire Aristarchi Bey in seine Dienste, der ihn *über die politischen Richtungen und über den Fortschritt des Friedenswerkes in Europa auf dem laufenden halten sollte. Ferner sollte er sich in der Presse für den Frieden einsetzen.*[139]

Seine Ansichten erläuterte Nobel gegenüber Aristarchi Bey so: *Ich bin erstaunt über die rasch zunehmende Zahl der zuständigen und ernsthaften Abgeordneten, aber erschrocken über die absurden und nichtigen Erfolge der anderen Windbeutel, die die besten Ziele durchkreuzen können . . .*[140]

Georges Boulanger, der als französischer Kriegsminister nach dem Verlust Elsaß-Lothringens 1886 für einen Revanchekrieg große Mengen Sprengstoff in Deutschland gekauft hatte, mißfiel ihm besonders: *. . . Alle Regierungen ohne Ausnahme haben ein Interesse daran, solche Kriege abzuwenden, die gelegentlich durch industrielle Abenteuer von der Art eines Boulanger provoziert werden. Könnte man doch eine Möglichkeit finden, ihre Zahl zu verkleinern – es ist wahrscheinlich, daß die Mehrheit der Staatsführungen dankbar dafür wäre. Ich frage mich nur, warum es nicht die gleichen Duellvorschriften auch zwischen den Völkern geben kann, die für Einzelmenschen Gültigkeit haben. Man bestellt Schiedsrichter, die zunächst prüfen müssen, ob die Ursachen auch für ein Duell wichtig genug sind. Eine derartige vorhergehende Überprüfung würde natürlich ein Volk nicht davon zurückhalten, gegen ein anderes Krieg zu führen. Wer würde es aber unter solchen Umständen riskieren, jedermanns Haß oder die Gefahr eines starken Bündnisses aller gegen sich allein als den Friedensstörer gerichtet zu sehen? Zu Schiedsrichtern sollte man andere neutrale Regierungen oder ein Tribunal, wie es das Oberhaus darstellt, berufen, oder auch irgendwelche anderen hohen Gerichte. Ich wäre sehr glücklich, wenn ich die Arbeit der Friedenskongresse vorantreiben könnte – und wäre es nur* *um einen einzigen Schritt – für ein Ziel wie dieses wären mir keine Kosten zu hoch. Die Sache des Friedens darf nicht als Utopie betrachtet werden, denn Heinrichs IV. Regierung bemühte sich bereits ernsthaft darum, während (der Mörder) Ravaillac diesen Bestrebungen unglücklicherweise ein abruptes Ende setzte. Seit 1816 sind durch ein solches Schiedsgericht nicht weniger als 62 Fälle geschlichtet worden. Dies ist der Beweis dafür, daß die Völker noch so sehr von Sinnen sein können, ihre Regierungen sind es immer nur halb so sehr.* [141]

Hier beginnt sich eine neue, gemäßigtere Strategie der Friedenssicherung in ihm durchzusetzen, die er zeit seines Lebens aufrechterhielt, die einer internationalen Intervention. Sie erscheint sinnvoller als die der Abschreckung durch Aufrüstung mit Superwaffen, die er allerdings 1892 gegenüber Bertha von Suttner gleichfalls noch vertrat. *Meine Fabriken können sehr gut eher ein Ende mit den Kriegen machen als ihre ganzen Kongresse. An dem Tage nämlich, an dem zwei Armeen in der Lage sein werden, sich gegenseitig in Sekundenschnelle zu vernichten, werden alle zivilisierten Völker gewiß vor einem Krieg zurückschrecken und ihre Truppen nach Hause schicken.* [142]

Die Idee des internationalen Schiedsgerichts gewann demgegenüber immer mehr die Oberhand, wie schon aus dem ebenfalls 1892 verfaßten Brief an einen belgischen Friedensfreund hervorgeht: *Ich bin zu der Überzeugung gekommen, daß die einzig richtige Lösung des Problems nur darin bestehen kann, daß die Regierungen einen Vertrag untereinander schließen müssen, wonach sie sich gemeinsam verpflichten, jedes Land zu verteidigen, das angegriffen wird. Allmählich würde dies zu einer teilweisen Abrüstung führen, was die einzige Möglichkeit ist, da ja eine bewaffnete Macht für die Aufrechterhaltung der Ordnung vorhanden sein muß. Die früheren Regierungen waren kurzsichtiger, engherziger und zänkischer als ihre Untertanen. Heute scheint es, als ob die Staatsführungen jedenfalls alle Anstrengungen machen würden, um solche idiotischen Volksaufbrüche zu unterbinden, die von einer heimtückischen Presse ausgelöst werden.* [143]

Seine Vorstellungen waren denjenigen ähnlich, die später Grundprinzipien des Völkerbundes (1919) und der Vereinten Nationen (1945) wurden. Im November 1892 formulierte er in einem Brief an Bertha von Suttner: *Ein Schiedsgericht sollte von allen neutralen Ländern eine Garantie dafür erhalten, daß seine Bestimmungen durchgesetzt würden – notfalls mit Waffengewalt. Wir müssen doch zugeben, daß alles andere besser ist als der Krieg. Alle Grenzen würden unantastbar werden, und in einer Proklamation müßte bekanntgemacht werden, daß jeder, der einen Angriff wagt, das gesamte Europa zum Gegner hat. Dies bedeutet keine Abrüstung, und ich bin mir auch nicht sicher, ob sie zu diesem Zeitpunkt überhaupt angebracht wäre. Aus den untersten Schichten arbeitet sich im Verborgenen eine neue Herrschaft des Schreckens zum Wahnsinn empor, deren dumpfes Grollen man in der Ferne schon zu hören vermeint. Ein Friede jedoch, der durch die Macht der vereinigten Heere gewährleistet wird, würde von jedem Frie-*

densstörer respektiert werden und so zu einer Entspannung führen. Wir könnten dann zusehen, wie die stehenden Heere der verschiedenen Staaten von Jahr zu Jahr kleiner würden, da es sich erübrigte, sie noch zu halten in Ländern, die nicht länger zur Hälfte von Mördern und zur anderen Hälfte von ihren Opfern bevölkert sind.[144]

Im Januar 1893 kündigte er in einem weiteren Brief an Bertha von Suttner die später in seinem Testament niedergelegten Bestimmungen über den Friedenspreis an: *Ich würde gerne einen Teil meines Vermögens einer Stiftung zur Schaffung von Preisen vermachen, die alle fünf Jahre zur Verteilung kommen sollen (sagen wir sechsmal hintereinander; denn wenn es innerhalb von dreißig Jahren nicht geglückt ist, unsere Gesellschaft, so wie sie sich heute zeigt, zu reformieren, werden wir unrettbar in Barbarei versinken) und zwar an eine Person, männlich oder weiblich, die den besten Beitrag zur Verwirklichung des Friedens in Europa geleistet hat. Ich spreche absichtlich nicht von Abrüstung, da wir dieses Traumbild nur langsam und vorsichtig erreichen können, und auch nicht von einem zwangsweise eingesetzten Schiedsgericht. Aber wir können und müssen bald endlich so weit kommen, daß alle Staaten sich gegenseitig verpflichten, gegen einen eventuellen Friedensbrecher vorzugehen. Damit besäßen wir dann das Mittel zur Vermeidung von Kriegen, und wir wären in der Lage, auch die brutalste und unvernünftigste Macht zu zwingen, entweder sich dem Spruch des Schiedsgerichtes zu unterwerfen oder sich ruhig zu verhalten. Wenn die Triple Alliance aus allen Staaten, und nicht nur aus dreien bestünde, wäre der Friede auf Jahrhunderte hinaus gesichert.*[145]

Alfred Nobel, der so oft eher kritisch-pessimistisch und im Geschäftsleben gezwungen war, die Dinge realistisch zu sehen, kehrt hier doch seine optimistische, wenn nicht idealistische Seite heraus: Er glaubte daran, daß Bildung den Menschen veredeln würde, daß die Wissenschaft den Menschen das Glück bringen und daß *die Kriegsrüstung und andere Relikte aus dem Mittelalter*[146] von einem dauerhaften Frieden abgelöst werden könne: *Bildung bedeutet Wohlstand – wobei ich an den Wohlstand im allgemeinen denke, nicht an den Reichtum eines einzelnen – und mit dem Wohlstand wird auch der größte Teil des Unglücks verschwinden, das ein Vermächtnis aus finsteren Zeitaltern ist. Die Errungenschaften der wissenschaftlichen Forschung und ihr Übergreifen auf immer weitere Gebiete weckt in uns die Hoffnung, daß Mikroben, und zwar die seelischen wie die körperlichen, Schritt für Schritt ausgerottet werden können. Der einzige Krieg, auf den die Menschheit sich in Zukunft einlassen sollte, dürfte ausschließlich der Krieg gegen diese Mikroben sein.*[147]

Mit Aristarchi Bey als Beauftragtem in Sachen Frieden hatte Nobel wenig Glück. Dieser hatte geglaubt, sich auf einer gutdotierten Lebensstellung ausruhen zu können. Als Nobel ihn nach einem Jahr entließ, war der gekränkte Exdiplomat gerissen genug, ihm – wie von den Friedensbewegungen praktiziert – ein Schiedsgericht zur Beilegung der Meinungsverschiedenheiten vorzuschlagen. Er hätte andere Stellenangebote abgelehnt, als er für Nobel arbeitete. Als er schließlich mit einem Gerichtsverfahren drohte, brach Nobel den Kontakt ab. Eine bittere menschliche Panne mehr brachte ihn zu der selbstkritischen und beherzigenswerten Schlußfolgerung: *Wenn ich meinen Freunden einen Rat geben wollte, wäre es der, niemals jemandem einen Gefallen zu tun. Jedesmal, wenn ich dieser verhängnisvollen Neigung nachgebe, mache ich mir einen Feind mehr. Das funktioniert so regelmäßig wie ein Uhrwerk. Es ist sicher mein Fehler, und ich werde versuchen, mich zu bessern.*[148]

Es ist bemerkenswert, daß er den Frauen eine wichtige Rolle zuerkannte. Im Februar 1896 schrieb er: *Jeder vernünftige Schritt in Richtung auf den Frieden zu wird Früchte zeitigen, und die Nachricht von einem wirklich großen Fortschritt auf diesem Gebiet wird in allen guten, aufrichtigen Frauen Gefühle und Gedanken wecken, die sie kommenden Generationen einpflanzen sollten. Die jungen Denker der Zukunft sollten dadurch inspiriert werden.*[149]

Am 21. November 1896, nur drei Wochen vor seinem Tod, schrieb er Bertha von Suttner anerkennend, mit geistreicher Selbstironie gewürzt: *Liebe Baronin und Freundin! «Bei guter Gesundheit» – ach nein, ich bin es leider nicht, und ich konsultierte sogar die Ärzte, was nicht nur gegen meine Gewohnheit, sondern auch gegen meine Grundsätze verstößt. Ich, der ich kein fühlendes Herz habe, habe nun ein organisches, eines, das ich spüre. Aber genug von mir und meinen kleinen Leiden. Ich bin glücklich, daß die Friedensbewegung an Raum gewinnt. Das ist der Aufklärung der Massen und vor allem der Bekämpfung der Vorurteile und Erhellung der Finsternisse zu danken, an der Sie so einen hervorragenden Anteil haben. Das sind Ihre Adelstitel! Herzlichst! Ihr A. Nobel.*[150]

Rückkehr nach Schweden

Anfang der neunziger Jahre trug sich Nobel mit dem Gedanken, nach Schweden zurückzukehren. Abgesehen davon, daß er seine Nachbarn in San Remo mit den Schießtests vergrault hatte, gab es einige wichtigere Gründe: Experimente in größerem Maßstab konnte er in San Remo nicht durchführen, das Beschaffen neuer Apparaturen und von Chemikalien aus dem Ausland war umständlich, Fachkräfte waren schwieriger zu finden als in Schweden. Zwar hatten sich entgegen seiner eigenen Erwartung: ... *man schließt doch nicht in vorgerückten Jahren noch Freundschaften*[151], doch auch einige glücklichere Bekanntschaften angebahnt, vor allem zu gebildeten skandinavischen Technikern aus der Schwedisch-Norwegischen Gesellschaft von Paris, die Nobel immer wieder finanziell gefördert hatte. Außer Ragnar Sohlmann, den er am meisten schätzte, gehörten Leutnant Sigurd Ehrenborg dazu, der Bildhauer Walter Runeberg, Hauptmann Wilhelm Unge, die Ingenieure Thorsten Nordenfeldt und R. W. Stocklenert und der Pastor Nathan Söderblom. Nobel hatte auch einmal gemeint, seine Heimat sei da, wo er seine Arbeit tun könne, aber trotz seines Reichtums und seiner komfortablen Häuser und Wohnungen in San Remo, in Paris und in Ardeer war er zweifellos ein einsamer Mann, der kaum einen engen Freund hatte. Die enttäuschende Beziehung zu Sofie Heß hatte er inzwischen abbrechen müssen.

Wo sollte er hin? Obwohl er überall auf der Welt Fabriken hatte, entschied er sich für seine Heimat Schweden, allerdings nicht um sich zur Ruhe zu setzen: *In England ist man zu konservativ für den bloßen Gedanken, etwas einzuführen, was nicht schon vor der Sintflut Gültigkeit besessen hat.*[152] Auf Frankreich war er wegen der einstigen Unannehmlichkeiten nicht gut zu sprechen: ... *alle Franzosen leben in dem für sie beglückenden Wahn, daß das Gehirn ein Organ sei, das nur Franzosen besitzen.*[153] Das Deutschland Wilhelms II. reizte ihn wegen der innenpolitischen Unruhe auch nicht.

Als schwedischer Bürger, der er noch war, kaufte er erst einmal für 1,3 Millionen Schweden-Kronen die Fabrik «AB Bofors-Gullspång», ein Eisenwerk mit Waffenfabrik bei Karelskoga in Värmland. Nobel entwickelte nun in den letzten zweieinhalb Jahren seines Lebens eine ungewöhnliche Aktivität als Unternehmer. Er übernahm für weitere 2,5 Millionen Schweden-Kronen neue Aktien und ließ das Unternehmen zu einer leistungsfähigen Rüstungsfirma ausbauen, die um 1960 mit Tochterfirmen über 13 000 Beschäftigte zählte. Man mag Nobel vorwerfen, daß er nun außer in die Pulverherstellung auch in die Kanonenproduktion eingestiegen sei. Der Tatbestand läßt sich nicht abstreiten, jedoch lagen Nobels Absichten offenkundig nicht darin, sich schamlos mit Waffen zu bereichern. Man darf wohl glauben, daß er zuvorderst an die eventuelle Verteidigung seines Vaterlandes gedacht hatte, ähnlich wie sein Vater Immanuel die damaligen Minen defensiv einsetzte: *Wenn es einen Industriezweig gibt, der auf Zuschüsse von außerhalb in keiner Weise angewiesen sein sollte, dann kann es nur der der Landesverteidigung dienende sein, und da es nun schon in Schweden Munitionsfabriken gibt, ist es jämmerlich und absurd, sie nicht im Gange zu halten ... Wir erhalten Bestellungen, von denen wir leben sollen, unser Ziel aber besteht im Neuschaffen und nicht darin, daß wir in Urgroßvaters Fußstapfen dahintrotten.*[154] Mit den in der Fabrik verfügbaren Geräten und Maschinen konnte er nun neue Pulverzusammensetzungen in Großversuchen prüfen.

Für Laborexperimente ließ er sich unmittelbar neben dem Herrensitz Björkborn, den er zum Wohnen kaufte, ein die früheren weit übertreffendes Laboratorium bauen, das in vier Experimentiersälen, zwei Werkräumen, einem Gebäude mit den Maschinen zur Pulverherstellung, einem weiteren für Elektrolyseexperimente, einem Wassergaswerk, Akkumulatoren und weiteren Spezialeinrichtungen die modernste Ausrüstung für halbindustrielles Arbeiten enthielt und 1895 bezogen wurde. Unter der Leitung von Ragnar Sohlmann arbeiteten der aus San Remo herbeigeholte G. Hugh Beckett und mehrere andere Assistenten. Wegen der strengen nordischen Winter konnte Nobel selbst nur im Sommer und Herbst anwesend sein; im Laboratorium in San Remo wurde in der anderen Zeit an weniger aufwendigen Problemen gearbeitet.

Das Einrichten der Privaträume in Björkborn übertrug Nobel seinem Neffen Hjalmar. Sie mußten weiträumig sein, da Nobel in kleinen Zimmern Beklemmungen verspürte. Für Gäste ließ er großzügige Räume gestalten. Ein spezielles Rauchzimmer lehnte der konsequente Nichtraucher ab: *Die Herren bekommen einen guten Tabak.*[155] Auch eigene Damenzimmer wollte er nicht.

Nobel legte sich noch ein weiteres bekanntes Eisenwerk, Björneborg in Värmland, zu, in dem er neue Hochöfen, Bessemerbirnen und Walzwerke einführte und weiterzuentwickeln suchte. Weitblickend erwarb er die nahe gelegenen Karas-Wasserfälle zur Energieerzeugung.

Auch die unzähligen Laborversuche aus jener Zeit zeugen neben der Unternehmertätigkeit von der gesteigerten Aktivität in jenen letzten Jahren vor seinem Tod: Neue Sprengstofftypen, Gewehre, Panzerplatten, Zünder, Raketen und andere Projektile, Leichtmetall-Legierungen, Innenkühlung von Kanonenrohren, elektrolytische Natrium- und Kaliumherstellung, Kunstseide, synthetischer Kautschuk und synthetische Edelsteine, fotografische Landkarten usw.

Dieser Vielzahl von Interessen konnte Nobel wohl nur nachgehen, weil

Nobels Laboratorium in Björkborn, Schweden

er wegen seines Reichtums nicht auf ein Gebiet festgenagelt war, weil er sich durch Selbststudium theoretische Voraussetzungen beigebracht hatte, weil er den Willen zu geradezu verbissener und genauer Forschungs- und Entwicklungsarbeit hatte und nicht zuletzt, weil er seine Phantasie und technische Begabung im Laufe der Jahre trainiert hatte. Bei der Rastlosigkeit des Chefs dürften es Assistenten und Geschäftsführer nicht immer ganz leicht gehabt haben. Er formulierte zwar seine Anweisungen in der Regel klar und eindeutig, aber er hatte es immer eilig; eine Idee folgte der anderen schneller, als sie bearbeitet werden konnte, und manchmal waren die Vorschläge wohl auch etwas wunderlich – und «flops» waren sicher auch darunter.

Nicht genug mit Laboratorien, Eisenwerken und Pulverfabriken auf der ganzen Welt, dehnte Nobel seine Aktivitäten auch auf andere Erfinder und deren Projekte aus, die er förderte, wenn sie ihm imponierten. Zusammen mit dem schwedischen Ingenieur Rudolf Lilljeqvist gründete Nobel 1895 in Bengtfors die «Elektrokemiska AB», eine Firma, die Chemikalien für industrielle und medizinische Zwecke herstellte und galvanische Versilberungen durchführte. Sie entwickelte sich später zu einem führenden Unternehmen. Experimente Nobels mit anderen Elektrolysemethoden mit dem Ziel der Darstellung von Natriummetall blieben unvollständig.

Auf die finanzielle Unterstützung der Brüder Ljungström und Andrées wurde bereits hingewiesen.

Privat führte der alternde, aber energiegeladene und rastlos arbeitende

Nobel in Björkborn das Leben eines Grandseigneurs. Nach Meinung Sohlmanns wirkte das Leben in der Heimat ausgleichend auf Nobels Gemüt. Als einzige Erholung gönnte er sich Spaziergänge oder Ausfahrten mit dem von zwei Orlowhengsten gezogenen Wagen, wie er es schon in Paris und San Remo geliebt hatte. In einer Lokalzeitung wurden die wilden Fahrten des bereits mit legendärem Ruhm behafteten Erfinders so beschrieben: «... Es war aufsehenerregend, wenn er in seinem ganz fest geschlossenen Wagen in großer Schnelligkeit vorbeifuhr. Man hörte nur das Getrappel der Pferdehufe, das Gefährt selbst fuhr geräuschlos dahin; es hatte – seines Besitzer eigene Erfindung – Bänder aus Gummi um die Räder. Nobel besaß ein Telefon im Wagen, über das er dem Kutscher Anweisungen geben konnte. Das Coupé war mit einer Innenbeleuchtung versehen, die ebenso wie die Lampen ihren Strom aus einem Akkumulator empfing. So ließ sich der Dynamitkönig dahinfahren, und wenn jemand vor 50 Jahren ein solches Gefährt zu Gesicht bekommen hätte, das so geräuschlos und hellerleuchtet durch die Dunkelheit raste, würde er nicht anders geglaubt haben, als daß der Höllenfürst selbst eine Spazierfahrt mache – und wer vermöchte erst die Gedanken wiederzugeben, die das abergläubische Volk bei einem solchen Anblick in der Osternacht befallen hätten.»[156]

Die fluchtartigen Abstecher in Kurorte wie Aix-les-Bains, Karlsbad und Marienbad liebte er noch immer. 1894 schrieb er seinem Neffen Hjalmar nach Schweden in einem mit seiner typischen Selbstironie durchzogenen Brief: *Ich bin nach einem Badeort gefahren, nicht um zu baden oder zu trinken, denn das hilft ja nur den Gläubigen, sondern um auszuruhen. Es glückte mir diesmal ausgezeichnet, denn ich befand mich zwischen zwei Frauen: die eine schön und willig, von der ich nichts wissen wollte, die andere so schön, daß ich schon wollte, aber ich komme nicht an sie heran. Tantalus ist es nicht schlimmer ergangen.*[157]

Alfred Nobel als Schriftsteller

Nach der Wissenschaft rangierten die literarischen Interessen Nobels an zweiter Stelle. «Wäre dieser geniale Mann nicht ein großer Erfinder gewesen, sicher, er hätte als Schriftsteller eine hohe Stufe erreicht»[158], urteilte Bertha von Suttner, nachdem sie unter anderem sein frühes Gedicht *The Riddle* gelesen hatte. In ihm sucht der frühreife, von Shelley angeregte Wissenschaftler nach einem idealistisch-philosophischen Sinn jenseits der allgemein praktizierten ungezügelten Geschäftemacherei: Er findet ihn nicht in einem Gott, sondern in der trostspendenden Natur, in einem Pantheismus:

> *Ich hab' im Buche der Natur gelesen,*
> *Hab' es begriffen und aus seiner Lehre*
> *Den Trost für meine Schmerzen mir geholt.*[159]

Auch seine erste Liebe schildert er:

Mein Leben, bis dahin verlassen und grau,
erwachte zu Wonne und Hoffnung.
Ich hatte ein Ziel, ein himmlisches Ziel –
jenes Wesen zu gewinnen und ihm würdig zu sein – – –[160]

Professor Schück meinte, daß Nobel «große Voraussetzungen besaß, Poet in der Reflektionsdichtung zu werden, da er ein reiches Gefühl und eine bedeutende Kraft der Phantasie hatte, was seinen jugendlichen, von Shelley beeinflußten Dichtungsversuchen auf englisch zu entnehmen ist»[161].

Auch später hat er immer wieder eigene Erlebnisse literarisch verarbeitet. Zwischen 1862 und 1865 reichte die Zeit wegen der weltweiten Geschäfte nicht mehr für Poesie. Auch danach scheint er die Muße für Hochwertiges nicht mehr gehabt zu haben; es entstanden fast nur Fragmente.

Der 1861 auf englisch geschriebene Entwurf zu der Novelle *Im hellsten Afrika* (*In Lightest Africa*) enthält allerdings eine originelle Passage über Paris: *In der Hauptstadt ging alles in gewohnter Weise. Die Armen seufzten nach Brot, die Reichen nach Appetit, Mütter und Töchter nach neuen Festkleidern, Männer und Väter nach Geld, um das zu bezahlen. Die Priester sündigten gegen das 11. Gebot (Du sollst nicht heucheln), die Allgemeinheit gegen das 12. (Du sollst keine Tyrannen dulden) und die Herumlungernden gegen das 13. (Du sollst keine Kinder zeugen, die Du nicht ernähren kannst). Aber alle diese Sünden wurden durch fleißiges Zum-Abendmahl-Gehen wieder gutgemacht. Außerdem war Gott der Bevölkerung ungewöhnlich zugetan, weil sie ihm kürzlich eine Kirche geschenkt hatte, die 3 Millionen kostete, außer den Wachslichtern für Seinen Lieblingsheiligen.*[162]

Auch über gesellschaftliche Reformen läßt er sich – weniger weitsichtig – aus: *Ich glaube, daß nur die gebildeten Klassen Stimmrecht haben sollten. Es allen zu geben, hat ungefähr ebensoviel Sinn, wie Vater und Kind in der Familie gleichberechtigt zu machen.*[163]

Auch in der 1862 angefangenen Novelle *Die Schwestern* (*The Sisters*) setzt sich Nobel mit gesellschaftlichen, religiösen und persönlichen Problemen auseinander. Offensichtlich versuchte er sich in einsamen Stunden im Laboratorium auf diese Weise von seinen Depressionen und seinem zwiespältigen Innern zu befreien. Dafür sprechen auch die erst von Erik Bergengren in Laborjournalen zwischen Versuchsnotizen eingestreut gefundene Gedichte und Fragmente. Um 1890 findet man unter dem Titel *Philosophische Betrachtungen, die zu Papier gebracht werden sollen,* folgende Themensammlung: *Die gegenseitige Wechselwirkung der Atome. Die Funktion des Gehirns, der Gedanken und der Erinnerung. Äther und wägbare Stoffe. Die Erforschung der verschiedenen Religionen. Studien über Wirtschaft und Steuern. Neues Abkürzungssystem für die Chemie. System einer Regierung, das auf neuen Ideen basiert. Arbeit über Explosivstoffe. Eine Philosophie über die Zellen und den Kosmos.*[164]

Ein andermal ist eine Aufzählung *Bereits geschriebene Prosa und Poesie* eingefügt: *1. Die drei Schwestern, 2. Belastet mit dem Tod, 3. Krankheit und Heilmittel, 4. Sie, 5. Das Rätsel des Lebens (The Riddle), 6. Ob ich geliebt habe? ..., 7. Träume sind gegeben ..., 8. Cenci, 9. Geistige Erziehung, 10. Predigten, 11. Glaube und Unglaube, 12. Belastet mit Zweien, 13. Wunder, 14. Ich sah zwei Rosenknospen, 15. usw. ...*[165]

In der gleichfalls nicht beendeten Komödie *Der Patentbazillus* (*The Patent Bacillus*) aus dem Jahre 1895 kommt die Sensibilität Nobels nach dem im Cordit-Prozeß erfahrenen Unrecht, gepaart mit einer gehörigen Portion Sarkasmus, zum Vorschein. Das im gleichen Jahr geplante Theaterstück *Ein Opfer der Phantasie*, in dem er das Schicksal einer Bankiersfamilie schildern wollte, konnte er wegen vermehrter geschäftlicher Verpflichtungen nicht ausführen.

Das einzige größere Werk, das Nobel beendete, war die Tragödie *Nemesis*, über die er Bertha von Suttner am 1. März 1896 informiert: *Da ich mich während meiner letzten Krankheit mit nichts Ernsthafterem beschäftigen konnte, habe ich eine Tragödie geschrieben. Ich habe sie soeben beendigt und brauche sie nur noch stellenweise zu bearbeiten. Den Stoff habe ich der ergreifenden Geschichte von Beatrice Cenci entnommen, aber ich habe ihn ganz anders behandelt, als es Shelley getan hat.*[166] Das Angebot einer Verwandten, einige Stellen zu überarbeiten, lehnte er höflich, aber bestimmt ab: *Was ich darin ausdrücken wollte, war, daß ich auf literarischem Gebiet Mitarbeiter ablehne und lieber mit eigenen Flügeln flattere als mit fremden fliegen will.*[167]

Der Stoff schien Nobel wichtig; kein geringerer als Lord Byron hatte Shelleys Werk als bedeutendstes der englischen Dramatik nach Shakespeare herausgestellt. Die historische Beatrice Cenci kam 1577 als Tochter des geizigen und lasterhaften Adeligen Francesco Cenci auf die Welt. Sie hatte ein uneheliches Kind geboren und ließ ihren Vater 1598 aus Angst vor dessen Zorn erdolchen. Auf Gerichtsbeschluß – vom Papst bestätigt – wurde sie gefoltert und zusammen mit ihrer Mutter geköpft, ihr Bruder mit der Keule erschlagen. Der Verteidiger Beatrices hatte – zu Unrecht – behauptet, ihr Kind stamme von Francesco.

Nobel übernahm wie Shelley das Motiv der Blutschande – entgegen der Wirklichkeit – als gegeben. Beide empfinden das Urteil als brutal, Beatrice als Opfer einer ungerechten Gesellschaft. Nobel rechtfertigt im Extremfall die Selbsthilfe. *Für geringere Verbrechen als das seine spricht der Staat das Todesurteil aus. Wenn er kein Recht schaffen will, muß der Übervorteilte es selbst tun.*[168] Beatrice läßt er sagen: *Ich bin die Rächerin der geschändeten Unschuld und des zertretenen Rechts. Ich bin auch des allmächtigen Gottes Scharfrichter, denn ich führe seinen erhabenen Befehl aus.*[169]

Nobels Vierakter endet anders als bei Shelley mit dem Vatermord, dessen Grausamkeit Nobel noch steigerte. Er läßt offen, ob Beatrice hingerichtet wird. Das Werk ist ein Aufruf, Unschuldigen zum Recht zu verhelfen. Nobels persönliche Enttäuschung über Gerichte und Menschen ist in dieses Werk eingeflossen, aber auch sein nicht unterzukriegender Idealismus, der ihn für die Aufklärung der Menschen im Namen des Fortschritts eintreten läßt: *Doch, es schimmert ein Lichtstrahl in dem schrecklichen Dunkel Europas. Eine menschlichere Anschauungsweise macht sich in allen Klassen geltend. Der Gedanke entlehnt seinen wunderbaren Schimmer einer verzauberten untergegangenen Welt. Und wir können stolz darauf sein, daß unser Land die Fahne der Zivilisation aufgepflanzt hat. Es war unser Kolumbus, unser Galilei, unser Leonardo, unser Bruno, unser Campanella, es waren unsere Philosophen, Dichter und Künstler, die als erste der Welt höhere Ziele gewiesen haben, als die, unsere Mitmenschen zu verbrennen und ihre Gehirne auszudörren.*[170]

Er verteidigt die reine Lehre Christi – mit der kirchlichen Dogmatik und Autorität geht er dagegen zugunsten eines edlen Humanismus hart ins Gericht; einen aufklärerischen Philosophen läßt er sagen:

Die Ursache ist, daß die Monarchen sich auf eine Kriegsmacht stützen können, die ihre Stellung sichert, daß die Kirche dagegen keine andere Stütze hat als den Aberglauben, der von Unwissenheit und Furcht genährt wird und für dessen Weiterbestehen die Lehre von der Hölle und der Inquisition sorgen ...

Christus predigte Menschenrecht und Verbrüderung. Seine Statthalter und ihr scheinheiliges Gefolge verfügen und verüben jede Tortur und jede Gemeinheit, die ein menschliches Raubtier ausdenken kann.[171]

Nemesis, auf schwedisch abgefaßt, ließ Nobel 1896 in Paris drucken. Das Erscheinen erlebte er nicht mehr. Die Verwandten ließen die Gesamtauflage bis auf drei Exemplare vernichten, denn «ein so armseliges Drama könne dem Andenken eines so berühmten Mannes höchstens abträglich sein». Professor Schück urteilte: «Sie taten recht damit, denn die Öffentlichkeit hätte sich auf Grund dieses einen und einzigen gedruckten Werkes aus Nobels Feder eine falsche Vorstellung von ihm gemacht. Alfred Nobel war tatsächlich ein Dichter, seine ganze Lebensauffassung ist die eines Dichters, und in seinen Jugendjahren besaß er auch noch die Fähigkeit, es in poetischer Form zu beweisen. Dieses Talent verlor sich aber im Laufe der Jahre.»[172]

Seine Zwiespältigkeit nahm auch diese Seite seines Schaffens nicht von Selbstkritik und Ironie aus. 1879 schreibt er an eine Dame, die sich als Privatsekretärin bei ihm beworben hatte: *Ich bin in höchstem Maße Misanthrop, bei dem eine Menge Schrauben lockersitzen, aber ich bin auch ein grenzenloser Idealist, der Philosophie besser verdauen kann als normales Essen.*[173] Außerdem charakterisiert er sich als *wertloses Grübelinstrument*[174]. Bertha von Suttner gegenüber klagt er in einem Schreiben seinen *Mangel an Herzenskraft, weil für mich der Sand in den Augen durch das Pulver der Kanonen kümmerlich ersetzt wird*[175].

Nobels literarische Versuche müssen ebenso wie sein Innenleben, das sich dieses Ventil suchte, in eine Beurteilung eingeschlossen werden.

Testament und Tod

1885 hatte Nobel, erschöpft von der rastlosen Arbeit, geäußert: *Wenn die Verbesserungen, mit denen ich jetzt beschäftigt bin, ausgeführt sind, habe ich vor, mich von allen Geschäften zurückzuziehen und wie ein altes Fräulein von Obligationszinsen zu leben.* Einschränkend ergänzte er, *daß ich nicht vorhabe, mich auf die faule Haut zu legen, sondern mir mehr eine wissenschaftliche als eine industrielle Tätigkeit zu wählen.*[176] Aber selbst dies traf in der Folgezeit nicht zu. In seinen letzten beiden Lebensjahren reiste er nach San Remo, Paris, Brüssel, Zürich, Wien, Berlin, Hamburg, London, Stockholm und Bofors; hinzu kommen Aufenthalte in verschiedenen Kurorten. Die Anweisung der Ärzte: *Ich soll mir viel Ruhe gönnen und auf meine Gesundheit achten*[177], befolgte er nicht, obwohl er merkte, daß seine Kräfte nachließen. Ab 1889 machte er sich Gedanken um die Verwendung seines Vermögens im Todesfall: *Ich bin grauhaarig, innerlich abgeschabt und muß bedacht sein, Vorbereitungen für den Fall zu treffen, daß ich ausgekehrt werde*[178], schrieb er an den Geschäftsführer der «Nitroglycerin AB» in Stockholm.

Am 14. März 1893 unterschrieb er sein erstes überliefertes Testament vor vier Zeugen: Thorsten und Per Nordenfeldt, C. Stein Nielsen und Sigurd Ehrenborg. Nach dem Willen Nobels sollte der größte Teil seines Vermögens der Allgemeinheit gestiftet werden. 20 Prozent wollte er 22 Verwandten überlassen, 17 Prozent waren dem Schwedischen Club in Paris, der Österreichischen Gesellschaft der Friedensfreunde *zur Förderung von Friedensideen zu verwerten*[179] sowie einem Stockholmer Krankenhaus und dem Königlich Karolinischen Medico-Chirurgischen Institut in Stockholm zugedacht. Aus den Zinsen der letzteren Summe sollte alle drei Jahre die *wichtigste und bahnbrechendste Entdeckung oder Erfindung auf dem Gebiet der Physiologie und der Heilkunst*[180] ausgezeichnet werden. *Den ganzen Rest der Akademie der Wissenschaften in Stockholm zur Bildung eines Fonds, dessen Zinsen jährlich von der Akademie verteilt werden sollen als Belohnung für die wichtigsten und bahnbrechendsten Entdeckungen oder Geistesarbeiten auf dem weiten Feld des Wissens und des Fortschritts mit Ausnahme der Physiologie und der Medizin. Ohne daraus eine absolute Bedingung zu machen, ist es mein Wunsch, daß diejenigen besondere Beachtung finden sollen, denen es glückte, durch Wort und Tat die sonderbaren Vorurteile zu bekämpfen, die noch von den Völkern und Regierungen gegen die Einrichtung eines europäischen Friedenstribunals gehegt werden. Es ist mein bestimmter Wunsch, daß alle in diesem Testament in Aussicht genommenen Preise dem Verdienstvollsten zuerkannt werden, ohne die geringste Rücksicht darauf, ob er Schwede oder Ausländer, ob er Mann oder Frau ist.*[181]

Damals war man – zu Recht – sehr besorgt, scheintot begraben zu werden. Nobel wollte Abhilfe schaffen: *Die wahrscheinlich bedeutenden Summen, die in Form von Patentabgaben eingehen, sollen nach meinem Wunsch zur Errichtung von Leichenverbrennungsöfen in großen Städten verwendet werden.*[182] Dieses Dokument, Vorläufer des endgültigen Testaments von 1895, blieb geheim.

Sohlmann berichtete, Nobel sei nach der Abfassung des Testaments erleichtert gewesen, die Depressionen hätten etwas nachgelassen. Seine Aktivität sprang auf die Mitarbeiter über. Trotzdem hatte er Hemmungen, sich selbst darzustellen; zur Verleihung des Ehrendoktorgrads der Philosophie verfaßte er – von der Universität Uppsala 1893 gedrängt – folgenden Lebenslauf:

Unterzeichneter ist am 21. Oktober 1833 geboren, hat sich seine Kenntnisse im Privatunterricht erworben, ohne eine höhere Schule durchzumachen; er hat sich besonders auf dem Gebiet der angewandten Chemie betätigt durch Ausarbeitung von Sprengstoffen, die unter dem Namen Dynamit, Sprenggummi und rauchloses Pulver, Ballistit und C 89 genannt, bekannt sind. Ist seit 1884 Mitglied der Königlich Schwedischen Akademie der Wissenschaften, ferner Mitglied der Royal Institution in London und der Société des Ingénieurs Civils in Paris. Ist seit 1880 Ritter des Nordstjärneordens. Hat den Offiziersrang der Ehrenlegion. Gedruckt herausgegeben: nur ein Vortrag in englischer Sprache, der mit einer Silbernen Medaille belohnt wurde.[183]

Den Doktortitel hat er nie benutzt, aber privat meinte er: *Es wäre beinahe schade, wenn ich jetzt abschrammte, denn ich habe besonders interessante Dinge unter den Händen. Aber seit die Biester mich zum Doktor der Philosophie gemacht haben, bin ich fast noch mehr Philosoph geworden als vorher und glaube, daß das Wort «nützen» ein Trugbild bedeutet.*[184]

Ehrungen, Orden und Kult um seine Person mochte er nicht. Nicht einmal seinen Bruder Ludvig, der eine Geschichte der Nobels zu schreiben beabsichtigte, wollte er mit Unterlagen zu seiner Person unterstützen:

Biographien zu schreiben ist mir völlig unmöglich, wenn sie nicht an Knappheit polizeilichen Beschreibungen gleichen sollen. Gerade diese sind aber, wie mir scheint, die aufschlußreichsten. Ein Beispiel: Alfred Nobel – Erbärmliches Halbgeschöpf, hätte bei seinem Eintritt in dieses Leben von einem menschenfreundlichen Arzt erstickt werden sollen.

Hauptverdienste: Er hält seine Nägel sauber und fällt der Öffentlichkeit nicht zur Last. Hauptfehler: Ohne Familie, heiter und ein Vielfraß. Größte und einzige Bitte: nicht lebendig verbrannt zu werden. Größte Sünde: Betet den Mammon nicht an. Bedeutende Ereignisse in seinem Leben: Keine.

Ist dies nicht genug, ja sogar mehr als genug? Und was kann man in unserem Alter unter der Rubrik «Bedeutende Ereignisse» anführen? Die zehn Billionen Sonnen in unserer kleinen Sternenblase, genannt die Milchstraße, sind ebenso unwichtig und würden sich ihrer Kleinheit schämen, wenn sie die Größe des Ganzen gewahr würden ... Niemand liest Geschichten über andere, wenn sie nicht von Schauspielern und Mördern handeln. Besonders bei diesen letzteren interessiert man sich dafür, ob sie ihre Taten auf dem Schlachtfeld vollbracht haben oder im Hause, gewissermaßen vor den Augen der gaffenden Leute.

Selbstreklame, öffentliches Auftreten und Personenkult waren ihm zuwider: *Der Wunsch, irgendeine Rolle in der buntgewürfelten Sammlung der 1400 Millionen zweibeinigen, schwanzlosen Affen zu spielen, die auf unserem kreisenden Erdprojektil herumlaufen, scheint mir verächtlich.*[186]

Bei dieser Einstellung bedeuteten ihm auch Orden nichts: *Ich habe meine Orden nicht für meine Explosivstoffe erhalten. Den schwedischen Orden des Nordsterns verdanke ich meiner Köchin, deren Künste auf kulinarischem Gebiet einen hochwohlgeborenen Magen erfreuten. Meinen französischen Orden erhielt ich, weil ich einen Minister gut kenne, den brasilianischen Rosenorden, weil ich zufällig einmal Don Pedro vorgestellt wurde. Der berühmte Bolivar-Orden aber wurde mir nur deshalb überreicht, weil Max Philipp die Operette «Niniche» gesehen hatte und bei dieser Gelegenheit zeigen wollte, wie er sich eine wirkliche Ordensverleihung vorstellte. Was Medaillen betrifft, so habe ich eine goldene von der Schwedischen Akademie der Wissenschaften. Ich bin Mitglied der Akademie und lege darauf höheren Wert als auf die verschiedenen Orden – selbst den Bolivar-Orden einbegriffen.*[187]

In seiner Korrespondenz spottet er mit Recht öfters über die Reihen *all dieser Sterne und Orden, die sie sich auf die Brust, den Magen und womöglich noch auf das Hinterteil pflastern*[188]. Bei dieser – nachahmenswerten – Verhaltensweise wundert es nicht, daß er *alle Ehrungen dahin wo der Pfeffer wächst* wünscht und bittet, *von diesen abmontierten Spornrädchen und all solchem Silberblech verschont bleiben zu dürfen.*[189]

Auf die Einladung zur Taufe eines neuen Dampfschiffs ihm zu Ehren auf den Namen Alfred Nobel reagierte er orginell abweisend: *Dagegen gibt es viele Einwände zu machen, der triftigste besteht darin, daß ein Schiff immer weiblich ist. Wer wollte sich des frivolen Versuchs schuldig machen, dieses sein Geschlecht zu verheimlichen? Da Sie aber auch noch versichern, es sei ein elegantes und wohlgestaltetes Schiff, wäre es doch ein schlechtes Omen, es nach einem alten Wrack zu benennen.*[190]

Er sah sich ungern in Zeitschriften, Büchern, Fotos oder Gemälden verewigt. Als er in ein Buch über bekannte Schweden aufgenommen werden sollte, antwortete er: *Ich bin mir nicht bewußt, Ruhm verdient zu haben und habe auch keinen Geschmack an dessen Lärm.*[191] Sein Bild in einer Zeitschrift lehnte er rundweg ab: *In dieser Zeit pompöser und unverschämter Reklame dürfen sich nur dazu geeignete Persönlichkeiten in einer Zeitung abbilden lassen.*[192]

Selbst eine Fotografie für eine Festschrift zum Jahrestag der Gründung einer seiner Firmen wehrte er mit den Worten ab: *Sobald meine Assistenten und jeder einzelne Arbeiter auch um ihre Fotografie gebeten worden sind, werde ich der Sammlung ein Bild meiner schweineborstigen Junggesellenschnauze beisteuern, aber keinesfalls früher.*[193] Hier kommt zugleich seine positive soziale und seine negative Einstellung seinem Äußeren gegenüber zum Ausdruck. Letztere klingt auch deutlich in der Antwort an, die er dem russischen Maler Makoffsky gab, der ihn porträtieren wollte: *Sobald Gottvater in seinem Wohlwollen meinen Rüssel um 30 Jahre ver-*

jüngt, so daß er das Öl und die Farbe wert ist.[194] So kommt es, daß selbst das Porträt Nobels in der Nobel-Stiftung in Stockholm postum gemalt wurde.

Die *Geister aus Niflheim* überfielen Nobel in seinen letzten Jahren öfter und öfter: schwere Migräneanfälle und Gefäßkrämpfe. Verbissen arbeitete er weiter, seine Gedanken wurden aber oft bitter. So bezeichnete er sich als *ein wertloses Instrument des Nachdenkens, das allein in der Welt steht mit seinen Gedanken, die so düster sind, als daß irgend jemand sich eine Vorstellung davon machen könnte.*[195]

Düstere Gedanken und mangelnde Gesundheit ließen ihn hadern: *Der alte Mann über uns ist bestimmt kein Freund des Friedens, zumindest besteht seine Handlungsweise aus systematischer Grausamkeit, und immerzu zeigt er seine Krallen. Man lebt sicher nur dazu, daß man sie zu spüren bekommt.*[196] Er erkannte, daß seine besten Tage vorbei waren: *Wir bauen auf Sand, und je älter wir werden, desto unstabiler wird das Fundament.*[197]

Trotzdem konnte er sich, wenn es sein mußte, seiner Haut wehren: *Wenn das Nobel-Blut in mir aufwallt, fehlt es mir nicht an meinem eigenen Explosivstoff und ich werde böse, daß die Funken fliegen;* versöhnlich fügte er hinzu: ... *aber höchstens für eine halbe Stunde.*[198]

Mit Behörden hatte er weiterhin schlechte Erfahrungen gemacht, sogar in Schweden. 1894 schrieb er: *Ich finde es befremdlich, daß das schwedische Patentamt sich weigert, meine neuen Zündschnüre zu patentieren. Jede praktische Lösung eines bisher ungelösten Problems stellt eine Erfindung dar, und die falsche Auslegung dieser grundsätzlichen Wahrheit verleitet alle mit der Voruntersuchung betrauten Behörden zu den lächerlichsten Berichten und Ablehnungen. Hätte es sie schon zu Watts Zeiten gegeben so wie heute, nie hätte man ihm ein Patent für seine Erfindung erteilt. Man hätte ihm erklärt, Wasser sei bereits bekannt, Dampf ebenfalls und ebenso die Verdichtung. So wäre es absurd, die Aufstellung eines Kondensators auf einem besonderen Platz eine Erfindung zu nennen. Man hätte ihn verspottet und verlacht, denn man fühlte sich ihm ja in der Kenntnis der Materie um so vieles voraus.*[199]

Mit Willenskraft hielt auch der über sechzigjährige Nobel seinen alternden Körper auf Hochleistung, ein rücksichtsloser Raubbau an sich selbst, der sich nun in Kopfschmerzen, Atemnot, Herzattacken auswirkte. 1894 schrieb er an seinen alten Freund Liedbeck: *Ich bin selbst beinahe noch schlechter dran, denn seit ein paar Tagen habe ich diese rheumatischen Teufel in den Herzmuskeln oder deren Nachbarschaft zu Besuch, und da glaubt man jeden Tag, daß die Ewigkeit ihre weiten Arme öffne.*[200]

Im September besuchte er ein letztes Mal seine frühere Geliebte Sofie Heß in Wien. Deren von dem Rittmeister stammende Tochter war nun drei Jahre alt. Danach, am 7. März 1895, schrieb er in seinem letzten Brief an Sofie: *Dein Kind ist ein liebes Ding, und es ist jetzt wichtig, es ordentlich zu erziehen ... Aber Du mußt all Deine unnützen und törichten Ideen aufgeben. Letzten Endes bist Du wirklich eine kleine Person, die Gefühl hat, und das ist von großem Wert. Ebenso glaube ich, daß Du nicht ganz gewissenlos bist, vorausgesetzt, daß Du die Praterstraße[201] hundert Meilen von Dir fernhältst.[202]* Diese Voraussetzung sollte sich später als nicht gegeben und Nobels Analyse sich als scharfsinnig erweisen.

Im Sommer 1895 hielt Nobel die Zeit für reif, sein Testament mit engen Vertrauten zu besprechen. In Paris zog er außer seinem Neffen Emanuel, der die Naphtha-Produktion in St. Petersburg leitete, wieder Thorsten Nordenfeldt und Sigurd Ehrenborg sowie die Ingenieure R. W. Strehlenert und Leonard Hwass hinzu. Zur Testamentsvollstreckung wurden Ragnar Sohlmann und Rudolf Lilljeqvist bestimmt. Dieses letzte Testament Nobels wurde bei der «Stockholms Euskilda Bank AB» in Stockholm verwahrt.

Seinen letzten Sommer und Herbst im Jahre 1896 verbrachte Nobel im Kreise Sohlmanns und der anderen jungen Ingenieure und Assistenten in Björkborn.

Mit seiner Gesundheit ging es nun rasch bergab. Obwohl er die Ärzte als *erbärmliche Esel ihres Faches*[203] abqualifiziert hatte, begab er sich in Paris doch in die Hände von Spezialisten. Im Februar 1896 spottete er darüber: *Zwei Fakultätsesel schieben die Schuld die eine auf die rheumatische Gicht, der andere auf gichtartigen Rheumatismus.*[204] Trotzdem ließ er sich im April 1896 von den französischen Ärzten weiterbehandeln. Die Diagnose lautete auf Angina pectoris, absolute Ruhe war die Konsequenz, die Nobel keinesfalls befolgte. Als Arznei erhielt er, Ironie des Schicksals, Nitroglycerin: *Mein Herzleiden hält mich hier in Paris wenigstens noch einige Tage fest, bis die konsultierten Ärzte sich genau darüber klar geworden sind, wie es behandelt werden muß. Es klingt wie ein Scherz, den sich das Schicksal mit mir macht, daß man mir Nitroglycerin zum Einnehmen verordnet. Sie nennen es zwar Trinitrin, aber doch wohl nur, um die Apotheker und die Patienten nicht zu erschrecken*[205], berichtete er Sohlmann im Oktober 1896.

Seine Aktivitäten schränkte er kaum ein: Neben Laborarbeiten wurde die private Buchhaltung penibel auf dem neuesten Stand gehalten und *Nemesis* und *Patent Bacillus* bearbeitet. Täglich schrieb er ein Dutzend und mehr Briefe von Hand. Seine Pferde in San Remo verkaufte er und schaffte sich in Paris drei neue einschließlich eleganter Geschirre an. Persönlich kümmerte er sich um Einzelheiten des Baus der Villa für die Familie Sohlmann auf seinem Parkgelände in San Remo.

Dorthin, in seine «Villa Nobel», reiste er am 22. November 1896. Sein letzter Brief – am 7. Dezember an Sohlmann geschrieben – handelt bezeichnenderweise von Untersuchungen an einem neuen Nitrocellulosepulver: *Die gesandten Proben sind besonders schön. Das reine Nitrozellulosepulver kommt mir ausgezeichnet vor. Leider ist meine Gesundheit wieder so schlecht, daß ich mit Mühe einige Zeilen schreibe, aber sobald ich kann, komme ich auf den Gegenstand zurück, der uns interessiert. Ihr aufrichtiger Freund, Alfred Nobel.*[206] Dieser Brief blieb auf Nobels Schreibtisch liegen. Einige Tage später, in denen er ausschließlich schwedisch

Ragnar Sohlmann

sprach, erlitt er eine Gehirnblutung. Das Personal verstand ihn nicht, weil er schwedisch und nicht mehr deutlich sprach. Er war unruhig und konnte kaum am Aufstehen gehindert werden. Sein französischer Hausverwalter in San Remo, Auguste Oswald, glaubte das Wort *Telegramm* verstanden zu haben und telegrafierte daraufhin an die beiden Neffen Emanuel und Hjalmar sowie Sohlmann. Sie trafen ihn nicht mehr lebend – am 10. Dezember 1896 um zwei Uhr morgens starb Alfred Nobel, 63 Jahre alt, in seinem bescheiden eingerichteten Schlafzimmer. Bertha von Suttner berichtet fälschlicherweise in ihren Memoiren[207], er hätte tot am Boden seines Arbeitszimmers gelegen.

Ragnar Sohlmann beschrieb die Tragik dieses bemerkenswerten Menschen: «Eine tiefe Traurigkeit lag über Alfred Nobels letzten Stunden.

Nobels Schreibtisch in seiner Bibliothek

Die Ahnungen, die er bei vielen Gelegenheiten in seinen Briefen zum Ausdruck brachte, bestätigten sich: Er verschied *umgeben lediglich von bezahlter Dienerschaft, ohne einen liebgewordenen Menschen in der Nähe, dessen Hand einst sanft meine Augen zudrückt, und der mir beruhigend und treu ein Wort des Trostes zuflüstern könnte.»*[208]

Der Legationspastor Nathan Söderblom, späterer Erzbischof von Uppsala und Friedenspreisträger, mit dem sich Nobel angefreundet hatte, sprach auf der schlichten Trauerfeier in San Remo: «Es gehörte zweifellos zu dem seinem Leben gemessenen Inhalt an Einsamkeit und Leiden, in den Augen der Leute zu viel als der reiche und merkwürdige Mann zu gelten und zu wenig als Mensch. So wollen wir ihn nicht noch im Tode damit verfolgen. Denn in das Jenseits folgt uns weder Erwerb noch Ruhm, noch Tüchtigkeit. Auch das Glück des Erdenlebens folgt uns dorthin nicht. An diesem Glück kann uns der Hingeschiedene – trotz allem, was er besaß und trotz der Zuneigung seiner Angehörigen – wohl sehr arm erscheinen, einsam wie er nach seiner Wahl oder dem Schicksal nach lebte, einsam wie er starb, ohne einen wärmenden häuslichen Herd, ohne die Hand eines Sohnes oder einer Gattin auf seiner eiskalten Stirn. Und sein Sinn gehörte nicht zu denen, die das Gold kalt macht oder der Erfolg verhärtet oder die Einsamkeit verbittert oder verschließt. Er war gefühlvoll und warm bis zum Ende ...»[209]

Am 29. Dezember wurde seine Asche im Familiengrab auf dem Nordfriedhof in Stockholm feierlich beigesetzt.

Die Verwirklichung des Testaments

Nobel-Institutionen und Nobel-Preise

Das Testament Alfred Nobels vom 27. November 1895, in schwedischer Sprache abgefaßt, wurde am 2. Januar 1897 in der Stockholmer Presse veröffentlicht und erregte großes Aufsehen:

Ich, der Unterzeichnete, Alfred Bernhard Nobel, erkläre hiermit nach reiflicher Überlegung, daß mein letzter Wille hinsichtlich des Eigentums, das ich bei meinem Tode hinterlassen kann, folgender ist:

Es folgt eine Aufstellung der privaten Hinterlassenschaft zugunsten von Verwandten, Freunden, Mitarbeitern und Angestellten in Höhe von etwa 1,5 Millionen (damaliger) Schwedenkronen. Weiter heißt es:

Über mein übriges, realisierbares Vermögen wird auf folgende Weise verfügt: Das Kapital, vom Testamentsvollstrecker in sicheren Wertpapieren realisiert, soll einen Fonds bilden, dessen jährliche Zinsen als Preise denen zuerteilt werden, die im verflossenen Jahr der Menschheit den größten Nutzen gebracht haben. Die Zinsen werden in fünf gleiche Teile geteilt, von denen zufällt: ein Teil dem, der auf dem Gebiete der Physik die wichtigste Entdeckung oder Erfindung gemacht hat; ein Teil dem, der die wichtigste chemische Entdeckung oder Verbesserung gemacht hat; ein Teil dem, der die wichtigste Entdeckung auf dem Gebiet der Physiologie oder der Medizin gemacht hat; ein Teil dem, der in der Literatur das Ausgezeichnetste in idealistischer Richtung hervorgebracht hat; ein Teil dem, der am meisten oder besten für die Verbrüderung der Völker gewirkt hat, für die Abschaffung oder Verminderung der stehenden Heere sowie für die Bildung und Verbreitung von Friedenskongressen. Die Preise für Physik und Chemie werden von der Schwedischen Akademie der Wissenschaften verteilt; die für physiologische oder medizinische Arbeiten vom Karolinischen Institut in Stockholm; die für Literatur von der Akademie in Stockholm und die für Friedensvorkämpfer von einem Ausschuß von fünf Personen, die vom Norwegischen Storthing gewählt werden. Es ist mein ausdrücklicher Wille, daß bei der Preisverteilung keine Rücksicht auf die Zugehörigkeit zu irgendeiner Nation genommen wird, so daß der Würdigste den Preis erhält, ob er nun Skandinavier ist oder nicht. Zu Vollstreckern dieser meiner testamentarischen Verfügung bestimmte ich Herrn Ragnar Sohlmann, wohn-

Das handschriftliche Testament Alfred Nobels in schwedischer Sprache

haft in Bofors, Värmland, und Herrn Rudolf Lilljeqvist, 31 Malmskill-
nadsgatan, Stockholm, und Bengtfors in der Nähe von Uddevalla. Dies
Testament ist nunmehr das einzig gültige und hebt alle meine früheren testa-
mentarischen Bestimmungen auf, wenn sich solche nach meinem Tod vor-
finden sollten.

Schließlich ordne ich als meinen ausdrücklichen Wunsch und Willen an,
daß mir nach meinem Tod die Pulsadern geöffnet werden, und daß, nach-
dem dies geschehen und von kompetenten Ärzten deutliche Anzeichen des
Todes festgestellt worden sind, meine Leiche in einem sogenannten Krema-
toriumsofen verbrannt wird.

Paris den 27. November 1895
Alfred Bernhard Nobel. [210]

Sohlmann und Lilljeqvist waren schwedische Zivilingenieure, die wie Nobel im Ausland gearbeitet hatten. Der erst sechsundzwanzigjährige Sohlmann hatte in Paris, San Remo und Bofors schon drei Jahre für Nobel
gearbeitet, den vierzigjährigen Lilljeqvist hatte Nobel nur zweimal getroffen. Als juristische Laien zogen sie Carl Lindhagen (1860–1945) zu,
damals Assessor am Schwedischen Berufungsgericht, später Oberbürger-
meister von Stockholm. Dies erwies sich als gute Wahl, denn Lindhagen
stand den Unzulänglichkeiten und formalen Fehlern des ohne juristische
Hilfe abgefaßten Testaments großzügig gegenüber. Auf die Idee des Testaments, das Prinzip, wurde im folgenden das Gewicht gelegt, die mit
Nobels oft geäußerter Gesinnung in Einklang sein sollte. Da jeder Schritt
in der Presse öffentlich diskutiert und oft genug kritisiert wurde, war die
Arbeit der drei Schweden nicht einfach.

Nach Bekanntwerden des Testaments meldete sich heftige Kritik. Die
Verwandten Nobels fühlten sich um eine große Erbschaft geprellt. Die
formalen Unzulänglichkeiten des Testaments ließen sie hoffen, es zumindest teilweise aufheben zu können.

Es wurde bemängelt, Nobel hätte unpatriotisch gehandelt, wenn er
schwedischen Besitz international verteilen wolle. Da das Verhältnis
Schwedens zu Norwegen, mit dem es seit 1814 durch eine Realunion und
den gemeinsamen König verbunden war, gespannt war, sahen es schwedische Kreise ungern, daß Nobel das norwegische Parlament, das Storthing, an der Preisvergabe teilhaben lassen wollte. Das Testament wurde
noch mehr zum Politikum, als das Storthing später den streitbaren Richter Björnstjerne Björnson (1832–1910), einen Vorkämpfer für die Trennung Norwegens von Schweden, in das Komitee zur Verteilung des Frie-
denspreises wählte.

Nur die internationalen Friedensbewegungen waren von dem Testament begeistert. Ihre Leistungen wurden denen von Wissenschaft und
Literatur an die Seite gestellt. Moritz Adler, Mitarbeiter der pazifisti-
schen Zeitschrift «Revue», schrieb an Bertha von Suttner: «Hätte man es
für möglich gehalten, daß der Mammon, der aus Dynamit entsprungene
Mammon, so geadelt werden kann?» [211]

Zunächst mußten die Testamentsvollstrecker die Höhe des Nobel-Vermögens ermitteln. Da auf viele Länder verteilt war, stellte dies keine leichte Aufgabe dar. Es belief sich auf mehr als 33 Millionen Schwedenkronen. Hinzu kam die Entrichtung der Erbschaftssteuer nach den jeweiligen Landesgesetzen, die insgesamt etwa 3,2 Millionen Schwedenkronen betrug. Da das Testament keine präzisen Anweisungen zu seiner Ausführung enthielt, hatten die Vollstrecker mit allen Schwierigkeiten zu kämpfen, Verdächtigungen der persönlichen Bereicherung eingeschlossen, die mit der Anlage eines so großen Vermögens verbunden sind.

Sohlmann, der sich von alldem nicht entmutigen ließ, schrieb darüber detailliert in seinem 1950 postum herausgegebenen Buch «Das Testament»: «In einem einzigen Punkt ließ das Vermächtnis keinen Zweifel aufkommen: Die Stelle, an der Lilljeqvist und ich zu Vollstreckern bestimmt und über unsere Pflichten unterrichtet werden. An uns lag es deshalb, das Größtmögliche daraus zu machen und uns Mühe zu geben, das in uns gesetzte Vertrauen zu rechtfertigen ... Die Probleme, die wir zu lösen hatten, bestanden im wesentlichen in folgendem: 1. Gesetzliche Formalitäten und strittige Angelegenheiten. 2. Finanzielle Transaktionen, die die Besitzauflösung mit sich brachte und die Wiederanlage des Geldes in *sicheren Wertpapieren*, wie es das Vermächtnis ausdrücklich gefordert hatte. 3. Die Organisation einer eigenen, verwaltenden Körperschaft für die dauernde Betreuung des Stiftungsfonds sowie die Ausarbeitung einer Satzung, nach der die alljährliche Vergabe der Preise vor sich gehen sollte.»[212]

Die Festlegung des Wohnorts Nobels machte ebenso wie die des zuständigen Gerichts Schwierigkeiten. Ausgerechnet Frankreich betrachtete sein Pariser Haus als tatsächliches Domizil. In San Remo wiederum war er gestorben. Verwickelte Probleme und langdauernde Prozesse waren die Folge. Experten aus verschiedenen Ländern mußten eingeschaltet werden. Unter dramatischen Umständen gelang es Sohlmann und Lilljeqvist nach Einsatz aller diplomatischen Mittel zu erreichen, daß sich das Landgericht in Karlskoga, zu dessen Bereich Bofors gehörte, für alle juristischen Fragen des Testaments zuständig erklärte.

Jedoch gab es auch Schwierigkeiten, die im Testament angesprochenen wissenschaftlichen Institutionen Schwedens und Norwegens für die verantwortungsvolle Preisvergabe zu gewinnen. Besonders die Auswahl der Preisträger nach den von Nobel vorgeschlagenen knappen Kriterien erschien schwierig und problematisch. Es gab auch kein Vorbild diesen Ausmaßes, das man hätte nachahmen können.

Da manche Entdeckung und Erfindung erst im Laufe von Jahren ihren Wert erkennen läßt, bereitete der Passus, daß sie im *verflossenen Jahre*[213] gemacht sein sollte, besondere Schwierigkeiten. Dies barg die Gefahr, «Eintagsfliegen» oder Modeerscheinungen, von denen später niemand mehr spricht, zu prämieren. Ein anderer zu klärender Punkt war der, ob der Preis eine Belohnung für bahnbrechende Arbeiten oder eine finanzielle Hilfe für neue Entwicklungen des Ausgezeichneten sein sollte.

Wollte er rein wissenschaftliche Erkenntnisse prämiiert wissen oder Anwendungen derselben? Befragungen von Nobels ehemaligen Pariser Freunden und Testamentszeugen machten die Entscheidung kaum leichter: «Die Beträge, die nach dem Testament jedem Preisträger zufallen sollen, sind bewußt hoch angesetzt. Aus meinen Unterredungen mit Doktor Nobel geht für mich ganz klar hervor, daß es ihn absolut nicht interessierte, kleine Summen als Prämie ohne wirklichen Nutzen für jemanden zu geben. Sein Wunsch war – und das hat er immer wiederholt –, denen, die nach der Beurteilung ihrer Arbeiten etwas für die Zukunft versprechen, eine so vollständige Unabhängigkeit zu verleihen, daß sie sich in Zukunft ganz ihren Aufgaben widmen könnten. Es waren daher nicht die ausgeführten Arbeiten und ebensowenig die verheißungsvollen Anlagen, die er belohnen wollte.»[214] Auch die Aussage eines anderen Zeugen zeigte, daß Nobel finanziell mit Sachmitteln unterstützen wollte, damit eine große Sache in die Tat umgesetzt, durchgestanden werden konnte: *Ich würde einem Mann der Tat nichts hinterlassen. Er würde dadurch in Versuchung kommen, mit Arbeiten aufzuhören. Dagegen möchte ich gern Träumern helfen, die es schwer haben, sich im Leben durchzusetzen.*[215] So merkwürdig es klingt, aber eine Preisverteilung war im Grunde weder nach diesen von Nobel geäußerten Ansichten noch nach dem recht unbestimmten Testament machbar.

Vernünftigerweise ging Sohlmann daher davon aus, daß Nobel auch zu Lebzeiten oft Ideen und Prinzipien nur vorgab und die exakte Ausführung dem gesunden Menschenverstand anderer überließ: Hierin wurde er von einem Testamentszeugen bestärkt: «Aus meinen Gesprächen mit Doktor Nobel bekam ich die bestimmte Auffassung, daß es nicht seine Absicht war, das Testament solle unbedingt streng nach dem buchstäblichen Wortlaut angewandt werden. Eher würde die Unterlassung, ausführliche Bestimmungen zu treffen, ein Beweis dafür sein, daß er in der Anwendung des Testaments den damit Betrauten die größtmögliche Freiheit lassen wollte. Das stimmt auch ganz und gar mit seinem Charakter überein. Wem er einmal sein Vertrauen schenkte, dem gab er es nämlich ganz und ungeteilt, ohne ihn an detaillierte Vorschriften zu binden. Für ihn war das persönliche Vertrauen die Hauptsache. Und Doktor Nobel hat mehreremal zu mir gesagt, daß er gerade deswegen schwedischen wissenschaftlichen Institutionen den Auftrag erteilt habe, die Preise zu verteilen, weil er den größten Prozentsatz ehrlicher Menschen in Schweden getroffen habe und folglich voraussetzte, daß sein letzter Wille hier in Schweden mit größerer Redlichkeit beobachtet werden würde als anderwärts. Da, wie eben gesagt, Doktor Nobel bei Vertrauensaufträgen, die er gab, keine Ausführungsbestimmungen im einzelnen zu treffen pflegte, glaubte ich auch nicht, daß er näher darüber nachgedacht hat, wie sein Testament im einzelnen ausgelegt werden würde.»[216]

Ein weiteres Hindernis legte die Familie Nobels der Testamentserfüllung jahrelang in den Weg. Erst als der russische Nobel-Zweig mit ihrem Oberhaupt Dr. Emanuel Nobel (1859–1932), dem Chef der Naphtha-Ge-

Alfred Nobel im Laboratorium. Postumes Ölgemälde von Emil Ostermann

sellschaft, 1898 einlenkte, konnte man sich – durch finanzielle Zugeständ-
nisse – auch mit der schwedischen Verwandtschaft verständigen. Der er-
bittert geführte Prozeß endete am 5. Juni 1898 mit dem letzten der zwei
Vergleiche. Zu guter Letzt meldete sich auch noch das ehemalige Fräulein

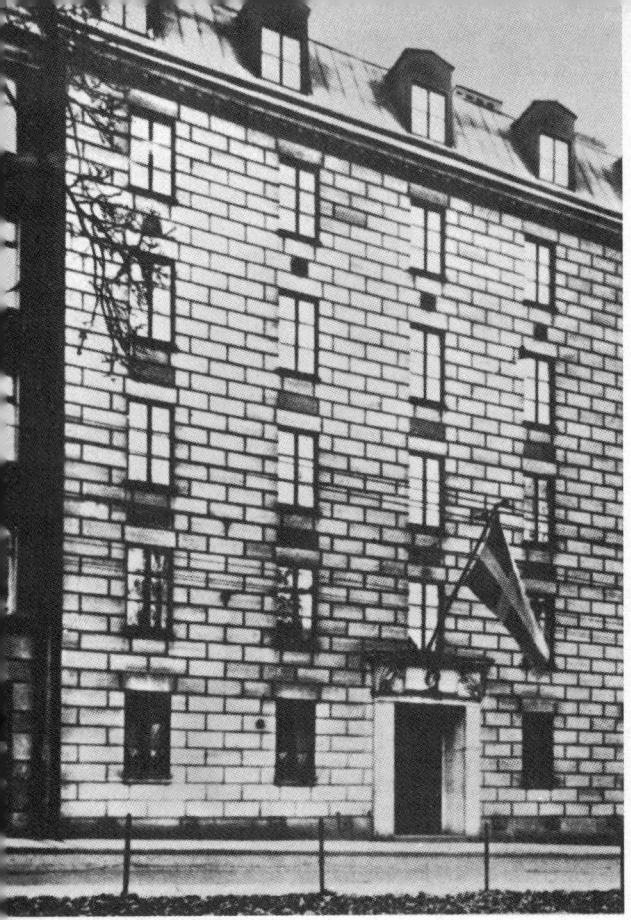

Das «Nobel-Haus» in der Sturegatan in Stockholm,
Sitz der Nobel-Stiftung

Heß, jetzige Frau K. v. K., deren Existenz kaum jemand ahnte. Durch ihren Wiener Rechtsanwalt stellte sie hohe Forderungen, die sie mit der Drohung unterstrich, die 216 an sie gerichteten Briefe Nobels zu veröffentlichen, wenn sie nicht über die im Testament verankerte Summe hinaus noch eine beträchtliche weitere erhalte. Um einen Skandal zu vermeiden, kauften die Testamentsvollstrecker ihr die Briefe ab, nachdem sie sich gegen weitere Erpressungen dieser Art abgesichert hatten.

Auch mit der Regierung einigte man sich dahingehend, daß sie die Bestimmungen über das Inkrafttreten des Testaments und die Verwaltung der Gelder durch die Regierung aufstellte, allerdings nach Vorschlägen der Testamentsvollstrecker und der Preis-verleihenden Institutionen. Mit Regierungsbeschluß vom 29. Juli 1900 wurde endlich die Errichtung der Nobel-Stiftung, deren Statuten und die Bestimmungen über die Preisvergabe mit den betreffenden Institutionen fixiert.

Sohlmann schreibt am Ende seines Buches über das Testament Nobels: «Der lange Kampf war so zum glücklichen Ende gekommen. In Anbetracht der Erfahrungen, die man in den vergangenen Jahren hatte machen müssen, darf man das Ergebnis als zufriedenstellend bezeichnen. Die Verteilung der Nobel-Preise ist zu einem ehrenvollen Privileg geworden, und die Nobel-Stiftung als solche bedeutet einen Vorteil und ein Aktivum von höchstem Wert für unser Vaterland. Völlig ungerechtfertigt waren auf alle Fälle die pessimistischen Voraussagen über die großen Risiken und Schwierigkeiten, die aus der Erfüllung der uns von Alfred Nobel anvertrauten Aufgabe für uns entstehen sollten. Sie hat aber ganz im Gegenteil zum besseren Verständnis und zur Hebung der Achtung vor Schweden und der schwedischen Kultur überhaupt beigetragen.» [217]

Die Statuten der von Alfred Nobel in seinem Testament gewünschten Stiftung – der heutigen Nobel-Stiftung – und die mit der Verteilung der Preise betrauten Institutionen wurden am 29. Juni 1900 durch den König von Schweden bestätigt. Die Stiftung, ab 1926 in einem eigenen fünfstöckigen Verwaltungsgebäude «Nobel-Haus», Sturegatan 14 in Stockholm, verwahrt die wissenschaftliche und schöngeistige Bibliothek Nobels, seine Korrespondenz, Akten und viele seiner Laborutensilien. Sie verwaltet alle preisverteilenden Institutionen. Ihr bedeutendster Direktor war Ragnar Sohlmann, der seine ganze Kraft für die Verwirklichung des Testaments im ideellen Sinne Nobels eingesetzt hatte.

Höchste Instanz der Nobel-Stiftung ist ein Kuratorium, das aus den Bevollmächtigten der vier Preis-verteilenden Körperschaften gebildet wird, wobei die Akademie der Wissenschaften stärker vertreten ist, da sie zwei der Preise vergibt. Die fünfzehn Kuratoren – drei für jeden Preis – wählen den Verwaltungsrat der Stiftung, mit Ausnahme des Vorsitzenden und seines Stellvertreters, die der König ernennt. Sie wählen aus ihrer Mitte den leitenden Direktor, der für die Bewahrung des gesamten Vermögens der Stiftung verantwortlich ist, dem Rat Vorschläge zur Geldanlage und zu Personalfragen macht und Anordnungen für die jährlichen Zeremonien der Preisverleihung trifft.

Drei weitere Körperschaften sind in den Statuten der Nobel-Stiftung genannt. Zunächst die vier Preis-verteilenden Institutionen: die Königliche Schwedische Akademie der Wissenschaften, das Königliche Karolinische Medico-Chirurgische Institut, die Schwedische Akademie und das Nobel-Komitee des Norwegischen Storthings.

Körperschaft sind auch die fünf Nobel-Komitees, jedes davon für einen Preis, sowie die vier Nobel-Institute, für jede Körperschaft eines.

Jedes Komitee kann externe Fachleute zur Teilnahme an den Beratungen zur Preisverleihung entsenden. Die Nobel-Institute wurden zur Un-

Das Nobel-Institut in Oslo

terstützung bei der Prüfung der Vorschläge für Preisträger errichtet. Heute sind sie selbständige Einrichtungen wissenschaftlicher Forschung und fördern darüber hinaus Arbeiten in Physik und Chemie im Sinne Nobels. Es sind: Das Nobel-Institut der Akademie der Wissenschaft (Gründungsjahr 1905) mit Abteilungen für Physik (1937) und Chemie (1944); das Nobel-Institut des Königlichen Karolinischen Medico-Chirurgischen Institutes mit Abteilungen für Neurophysiologie (1945) sowie Zellforschung und Genetik (1945); das Nobel-Institut der Schwedischen Akademie mit der Nobel-Bibliothek für moderne Literatur (1901), das Norwegische Nobel-Institut mit seiner Bibliothek der Publikationen über den Frieden und die Beziehungen der Völker untereinander (1902). Das Personal der Institute wird von der preisverteilenden Körperschaft ohne Ansehen der Nationalität gewählt.

Von den über 31 Millionen Schwedenkronen bildete die Stiftung einen Hauptfonds für die Preise von etwa 28 Millionen; der Rest wurde in Gebäudefonds, Organisationsfonds, Fonds für die Unterhaltung der einzelnen Nobel-Institute sowie Spezialfonds und Reservefonds unterteilt. Die Zinsen bzw. Erträge des Hauptfonds, der sich auch durch nicht-verteilte Preise vermehren kann, werden jährlich – nach Abzug von 10 Prozent, die dem Kapital zufließen – den fünf Preis-verteilenden Körperschaften zur Verfügung gestellt. Diese behalten jeweils ein Viertel davon zur eigenen Unkostendeckung zurück. Der Rest geht an die jeweiligen Nobel-Institute und stellt den jeweiligen Geldpreis dar.

Die 1901 erstmals vergebenen Nobel-Preise beliefen sich auf je etwa 150000 Kronen. Obwohl der Betrag nach Angaben des heutigen Direktors der Nobelstiftung, Nils K. Ståhle, im Jahre 1969 auf mehr als das doppelte gestiegen war, ist sein wirklicher Wert heute geringer als damals – 1980 waren die Nobel-Preise mit je 212000 Dollar um 10 Prozent höher als im Vorjahr.[218] Die einzelnen Preise unterliegen nicht der Einkommensteuer der jeweiligen Länder, jedoch hatte die Nobel-Stiftung bis 1946, als

Das Nobel-Institut für Neurophysiologische Medizin in Stockholm

sie von der Vermögenssteuer – nicht aber von der Grundsteuer für unbeweglichen Besitz – befreit wurde, schon etwa 13,5 Millionen Schwedenkronen an Steuern entrichtet.

Die ursprüngliche Anlage des Geldes der Nobel-Stiftung in *sicheren Wertpapieren* ist nach den Weltkriegen den veränderten wirtschaftlich-finanziellen Verhältnissen angepaßt worden. Seit 1958 kann die Stiftung, um einer Geldentwertung vorzubeugen, auch in – hauptsächlich schwedischen und norwegischen – Immobilien und Aktien investieren, im Ausland allerdings nur beschränkt.

Im Jahre 1969 stiftete die Schwedische Reichsbank aus Anlaß ihres dreihundertjährigen Bestehens zum Andenken Alfred Nobels einen weiteren Preis, den für Wirtschaftswissenschaften, der von der Akademie der Wissenschaften vergeben wird.

Die Prinzipien der Preisverteilung[219] wurden in den Statuten der Nobel-Stiftung als Vorschriften niedergelegt, die auf Grund der Streitigkeiten um das Testament von der schwedischen Regierung im Jahre 1900 ratifiziert wurden. Dementsprechend müssen die Leistungen nicht *im Verlauf des vergangenen Jahres* vollbracht worden, sondern es kann ihre Bedeutung erst später völlig klar geworden sein. Voraussetzung ist, daß die Arbeit publiziert wurde.

Die kritische Testaments-Klausel für den Literaturpreis, daß dem Werk eine idealistische Tendenz zugrunde liegen soll, wurde zunächst eng, spä-

Erste Verleihungsurkunde des Nobel-Preises für Medizin

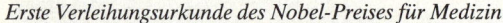

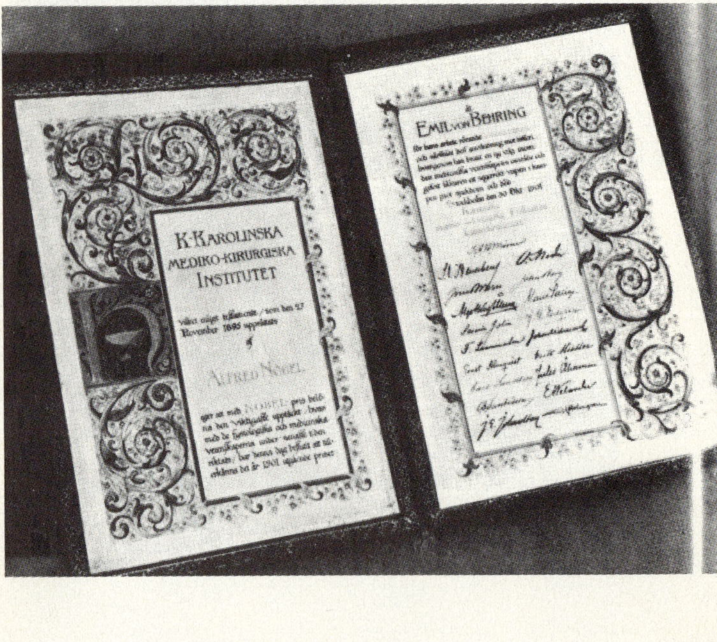

ter entschieden großzügiger ausgelegt, da die Größten der Weltliteratur sonst nicht in Betracht gekommen wären.

Die Auswahl der Nobel-Preisträger geschieht allgemein auf folgendem Wege – sie ist für die einzelnen Preise etwas unterschiedlich: Ein jeweils definierter Personenkreis ist befugt, Kandidaten für die Nobel-Preise vorzuschlagen; die Preis-verteilenden Institutionen können weiteren Personen ein Vorschlagsrecht einräumen. Wer sich selbst vorschlägt, wird begreiflicherweise disqualifiziert.

Für die Physik- und Chemie-Nobelpreise haben nach § 7 der Statuten folgende Personen das Vorschlagsrecht: die schwedischen und ausländischen Mitglieder der Königlichen Akademie der Wissenschaften, die Mitglieder des Nobel-Komitees für Physik und Chemie, die bisherigen Nobelpreis-Träger in Physik und Chemie, die ordentlichen öffentlichen Physik- und Chemie-Professoren der Universitäten Uppsala, Lund, Oslo, Kopenhagen und Helsinki, die Professoren des Karolinischen Instituts und des Königlichen Instituts für Technologie, die Dozenten auf Lebenszeit an der Universität Stockholm, Physik- und Chemie-Lehrstuhlinhaber an sechs jeweils ausgewählten ausländischen Universitäten sowie ausgesuchte Fachgelehrte, deren Rat nützlich erscheint. Die eingegangenen Vorschläge werden von der Nobel-Stiftung an die einzelnen Körperschaften weitergeleitet.

Goldene Nobel-Medaille für Physik und Chemie

Vorschläge für Kandidaten im Fachgebiet Physiologie und Medizin können ganz analog die Mitglieder der Medizinischen Fakultät des Karolinischen Instituts und der Medizinischen Abteilung der Akademie der Wissenschaften sowie die entsprechenden Nobel-Preisträger und Professoren für Medizin an den verschiedenen Universitäten unterbreiten.

Kandidaten für den Literaturpreis können von Mitgliedern der Schwedischen Akademie und ähnlichen Institutionen vorgeschlagen werden, ebenso von Professoren für Literatur und Philosophie an Universitäten, von früheren Literaturpreisträgern und von Präsidenten repräsentativer Autorengesellschaften.

Das Recht, für den Friedenspreis Vorschläge zu machen, haben alle, auch die ehemaligen Mitglieder des Nobel-Komitees des Norwegischen Storthings, die Berater des Norwegischen Nobel-Instituts, die Mitglieder der Nationalversammlungen und Regierungen aller Staaten und Mitglieder der Interparlamentarischen Union in Genf, die Mitglieder des Internationalen Gerichtshofs in Den Haag, die Kommission des Ständigen Internationalen Friedensbüros, Mitglieder und beigeordnete Mitglieder des

Die Rückseite der goldenen Nobelpreis-Medaille

Instituts des Internationalen Rechts in Gent, Universitätsprofessoren für Politische Wissenschaft und Rechtswissenschaft, Geschichte und Philosophie und frühere Träger des Friedens-Nobelpreises.

Im Herbst vor dem Jahr der Preisverteilung werden Einladungen an Organisationen und andere Berechtigte versandt, Kandidaten für die Auszeichnung vorzuschlagen. Die Namensvorschläge, die schriftlich einschließlich Unterlagen wie Begründung und Veröffentlichungen an die Nobel-Stiftung gerichtet werden, müssen den Nobel-Komitees der preisverteilenden Körperschaft bereits vor dem 1. Februar vorliegen, worauf die Vorarbeiten zur Auswahl der Kandidaten in den Komitees unmittelbar beginnen. Veröffentlichungen des Kandidaten sollten in einer der skandinavischen Sprachen oder in Englisch, Deutsch oder Latein vorliegen oder ohne zu große Kosten erhältlich oder zu übersetzen sein.

Die Komitees sichern, prüfen, wägen die Leistungen der Vorgeschlagenen ab. Dabei werden unter Umständen Fachleute hinzugezogen. Die Beratungen sind in der Regel im September oder Oktober beendet, wonach die Vorschläge den betreffenden Preis-verteilenden Institutionen übergeben werden. Um den 15. November sind normalerweise die Ent-

117

*Alfred Nobels Bronzebüste im
Hauptverwaltungsgebäude der
Dynamit Nobel AG in Troisdorf*

scheidungen gefallen. In der Regel schließen sich die Preis-verteilenden Körperschaften den Vorschlägen der Komitees an.

Während der Friedenspreis auch einer Institution zuerkannt werden kann, sollen die übrigen Preise nur an Personen vergeben werden, wobei eine Teilung des Preises in zwei oder drei Teile oder Personen möglich ist, wenn die zu honorierende Arbeit oder die Arbeiten nicht durch eine einzelne Person zustande kamen. Auch eine ungleiche Aufteilung des Preises, etwa zur Hälfte an eine Person, die andere an zwei weitere Kandidaten, ist möglich. Der Preis kann auch überhaupt nicht verliehen oder auch bis zum folgenden Jahr zurückgehalten werden. Im letzteren Fall können dann im folgenden Jahr zwei Preise in der betreffenden Gruppe vergeben werden.

Die Beratungen der Komitees sind geheim, zum einen mit Rücksicht auf die zur Auswahl stehenden Kandidaten, zum anderen, um sich nicht durch öffentliche Diskussionen beeinflussen zu lassen. Nur die Namen der endgültigen Preisträger werden weitergegeben, wenn sie feststehen; Meinungsverschiedenheiten werden nicht zu Protokoll genommen; die Protokolle werden nicht veröffentlicht.

Lehnt ein Preisträger den Nobel-Preis ab, wie 1958 Boris Pasternak und 1964 Jean-Paul Sartre, so geht das Geld an den Fonds der Nobel-

Stiftung zurück. Wurde der Preis unter äußeren Zwängen nicht angenommen, später aber doch gewünscht, so werden nur noch die goldene Medaille und das Diplom ausgehändigt, während der Geldpreis einbehalten wird.

Die Preisträger werden von der Nobel-Stiftung über die Botschaft des jeweiligen Landes benachrichtigt. Häufig führt das öffentliche Bekanntwerden der Namen zu lokalem und weltweitem Aufsehen, zu großem Wirbel, wenn nicht Rummel um die Ausgezeichneten. Presse, Funk und Fernsehen berichten mehr oder weniger kompetent und detailliert über die Preisträger und ihre Leistungen.

Die feierliche Übergabe der Nobel-Preise findet jährlich am 10. Dezember, dem Todestag Alfred Nobels, in Stockholm und Oslo statt. Üblicherweise erscheinen die Preisträger persönlich. Häufig erfüllen sie dabei ihre einzige Pflicht, die Nobel-Vorlesung zu halten, eine Darlegung ihrer preisgekrönten Arbeit. Die Vorträge können allerdings auch bis zu sechs Monate später gehalten werden. Sie werden ab 1901 in der Schriftenreihe «Le Prix Nobel» der Nobel-Stiftung und zudem oft in führenden Fachzeitschriften veröffentlicht.

Die ersten Nobel-Preise wurden am 10. Dezember 1901, genau fünf Jahre nach dem Tod des Stifters, in Oslo und Stockholm vergeben: Den Physikpreis erhielt Wilhelm Conrad Röntgen (1845–1923), den Chemiepreis Jacobus Henricus van't Hoff (1852–1911), den Preis für Physiologie und Medizin Emil Adolf von Behring (1854–1914). Der Literaturpreis wurde R. F. A. Sully-Prudhomme (1839–1907), der Friedenspreis Henri Dunant (1828–1910) gemeinsam mit Frédéric Passy (1822–1912) zugesprochen.

Inzwischen sind annähernd fünfhundert bedeutende Persönlichkeiten mit dem Nobel-Preis ausgezeichnet worden. Auf die vielen einzelnen Preisträger kann im Rahmen dieser Übersicht nicht näher eingegangen werden. Ihre Namen sind in der angefügten Tabelle gesammelt.

Obwohl seither andere, zum Teil noch höhere Preise gestiftet wurden, zählte doch der Nobel-Preis zu den bekanntesten und wohl begehrtesten Auszeichnungen.

Tabelle der Nobelpreise

Nobelpreis	Physik	Chemie
1901	W. C. Röntgen (D)	J. H. van't Hoff (NL)
1902	A. H. Lorentz (NL) P. Zeeman (NL)	H. E. Fischer (D)
1903	H. A. Becquerel (F) P. Curie (F) M. S. Curie (F)	S. A. Arrhenius (S)
1904	Lord Rayleigh (GB)	W. Ramsay (GB)
1905	P. E. A. Lenard (D)	J. F. W. A. v. Baeyer (D)

Robert Koch,
Nobelpreis für Medizin 1905

Albert Einstein,
Nobelpreis für Physik 1921

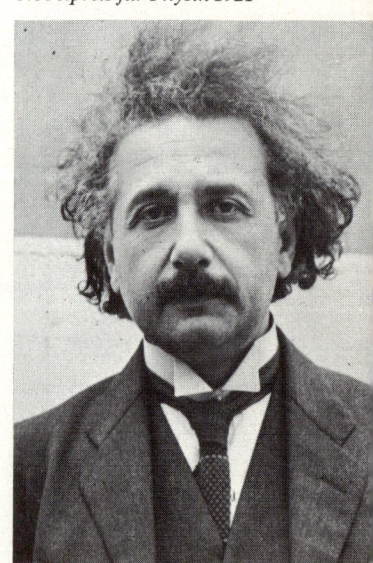

Physiologie/Medizin	Literatur	Frieden
E. A. von Behring (D)	R. F. A. Sully Prudhomme (F)	J. H. Dunant (CH) F. Passy (F)
R. Ross (GB)	M. T. Mommsen (D)	E. Ducommun (CH) C. A. Gobat (CH)
N. R. Finsen (DK)	B. M. Bjørnson (N)	W. R. Cremer (GB)
I. P. Pavlov (SU)	F. Mistral (F) J. Echegaray (E)	Institut de Droit International
R. Koch (D)	H. Sienkiewicz (PL)	B. S. F. v. Suttner (A)

Thomas Mann,
Nobelpreis für Literatur 1929

John Galsworthy,
Nobelpreis für Literatur 1932

Nobelpreis	Physik	Chemie
1906	J. J. Thomson (GB)	H. Moissan (F)
1907	A. A. Michelson (USA)	E. Buchner (D)
1908	G. Lippmann (F)	E. Rutherford (GB)
1909	G. Marconi (I) C. F. Braun (D)	W. Ostwald (D)
1910	J. D. van der Waals (N)	O. Wallach (D)
1911	W. Wien (D)	M. S. Curie (F)
1912	N. G. Dalén (S)	V. Grignard (F) P. Sabatier (F)
1913	H. Kamerlingh-Onnes (NL)	A. Werner (CH)
1914	M. von Laue (D)	T. W. Richards (USA)
1915	W. H. Bragg (GB) W. L. Bragg (GB)	R. M. Willstätter (D)
1916	–	–
1917	C. G. Barkla (GB)	–
1918	M. K. E. L. Planck (D)	F. Haber (D)
1919	J. Stark (D)	–
1920	C. É. Guillaume (F)	W. H. Nernst (D)

Physiologie/Medizin	Literatur	Frieden
C. Golgi (I) S. Ramon y Cajal (E)	G. Carducci (I)	Th. Roosevelt (USA)
C. L. A. Laveran (F)	R. Kipling (GB)	E. T. Moneta (I) L. Renault (F)
P. Ehrlich (D) I. I. Metchnikoff (SU)	R. C. Eucken (D)	K. P. Arnoldson (S) F. Bajer (DK)
E. T. Kocher (CH)	S. O. L. Lagerlöf (S)	A. M. F. Beernaert (B) P. H. B. B. d'Estour- nelles de Constant (F)
A. Kossel (D)	P. J. L. Heyse (D)	Bureau International Permanent de la Paix
A. Gullstrand (S)	M. P. M. B. Maeterlinck (B)	T. M. C. Asser (NL) A. H. Fried (A)
A. Carrel (USA)	G. J. R. Haupt- mann (D)	E. Root (USA)
C. R. Richet (F)	R. Tagore (IND)	H. La Fontaine (B)
R. Bárány (A)	–	–
–	R. Rolland (F)	–
–	C. G. V. von Hei- denstam (S)	–
–	K. A. Gjellerup (DK) H. Pontoppidan (DK)	Comité International de la Croix-Rouge
–	–	–
J. Bordet (B)	C. F. G. Spitteler (CH)	T. W. Wilson (USA)
S. A. S. Krogh (DK)	K. P. Hamsun (N)	L. V. A. Bourgeois (F)

Nobelpreis	Physik	Chemie
1921	A. Einstein (D)	F. Soddy (GB)
1922	N. Bohr (DK)	F. W. Aston (GB)
1923	R. A. Millikan (USA)	F. Pregl (A)
1924	K. M. G. Siegbahn (S)	–
1925	J. Franck (D) G. Hertz (D)	R. A. Zsigmondy (D)
1926	J. B. Perrin (F)	T. Svedberg (S)
1927	A. H. Compton (USA)	H. O. Wieland (D)
1928	O. W. Richardson (GB)	A. O. R. Windaus (D)
1929	L.-V. deBroglie (F)	A. Harden (GB) H. K. A. S. von Euler-Chelpin (S)
1930	C. V. Raman (IND)	H. Fischer (D)
1931	–	C. Bosch (D) F. Bergius (D)
1932	W. Heisenberg (D)	I. Langmuir (USA)
1933	E. Schrödinger (A) P. A. M. Dirac (GB)	–
1934	–	H. C. Urey (USA)

Physiologie/Medizin	Literatur	Frieden
–	A. France (F)	K. H. Branting (S) C. L. Lange (N)
A. V. Hill (GB) O. F. Meyerhof (D)	J. Benavente (E)	F. Nansen (N)
F. G. Banting (CDN) J. J. R. MacLeod (CDN)	W. B. Yeats (IRL)	–
W. Einthoven (NL)	W. S. Reymont (PL)	–
–	G. B. Shaw (GB)	A. J. Chamberlain (GB) C. G. Dawes (USA)
J. A. G. Fibiger (DK)	G. Deledda (I)	A. Briand (F) G. Stresemann (D)
J. Wagner-Jauregg (A)	H. Bergson (F)	F. Buisson (F) L. Quidde (D)
C. J. H. Nicolle (F)	S. Undset (N)	–
C. Eijkman (NL) F. G. Hopkins (GB)	Th. Mann (D)	F. B. Kellogg (USA)
K. Landsteiner (A)	S. Lewis (USA)	L. Q. J. Söderblom (S)
O. H. Warburg (D)	E. A. Karlfeldt (S)	J. Addams (USA) N. M. Butler (USA)
C. S. Sherrington (GB) E. D. Adrian (GB)	J. Galsworthy (GB)	–
T. H. Morgan (USA)	I. A. Bunin (SU)	N. Angell (GB)
G. H. Whipple (USA) G. R. Minot (USA) W. P. Murphy (USA)	L. Pirandello (I)	A. Henderson (GB)

Nobelpreis	Physik	Chemie
1935	J. Chadwick (GB)	F. Joliot (F) I. Joliot-Curie (F)
1936	V. F. Hess (A) C. C. Anderson (USA)	P. J. W. Debye (NL)
1937	C. J. Davisson (USA) G. P. Thomson (GB)	W. N. Haworth (GB) P. Karrer (CH)
1938	E. Fermi (I)	R. Kuhn (D)
1939	E. O. Lawrence (USA)	A. F. J. Butenandt (D) L. Ružicka (CH)
1940	–	–
1941	–	–
1942	–	–
1943	O. Stern (USA)	G. de Hevesy (H)
1944	I. I. Rabi (USA)	O. Hahn (D)
1945	W. Pauli (A)	A. I. Virtanen (SF)
1946	P. W. Bridgman (USA)	J. B. Sumner (USA) J. H. Northrop (USA) W. M. Stanley (USA)
1947	E. V. Appleton (GB)	R. Robinson (GB)
1948	P. M. S. Blackett (GB)	A. W. K. Tiselius (S)
1949	H. Yukawa (J)	W. F. Giauque (USA)

Physiologie/Medizin	Literatur	Frieden
H. Spemann (D)	–	C. von Ossietzky (D)
H. H. Dale (GB) O. Loewi (A)	E. G. O'Neill (USA)	S. C. Lamas (RA)
A. Szent-Györgyi (H)	R. Martin du Gard (F)	Viscount Cecil of Chelwood (GB)
C. J. F. Heymans (B)	P. S. Buck (USA)	Office International Nansen pour les Réfugiés
G. Domagk (D)	F. E. Sillanpää (SF)	–
–	–	–
–	–	–
–	–	–
H. C. P. Dam (DK) E. A. Doisy (USA)	–	–
E. J. Erlanger (USA) H. S. Gasser (USA)	J. V. Jensen (DK)	Comité International de la Croix-Rouge
A. Fleming (GB) E. B. Chain (GB) H. W. Florey (GB)	G. Mistral (RCH)	C. Hull (USA)
H. J. Muller (USA)	H. Hesse (CH)	E. G. Balch (USA) J. R. Mott (USA)
C. F. Cori (USA) G. T. Cori (USA) B. A. Houssay (RA)	A. P. G. Gide (F)	The Friends' Service Council The American Friends' Service Committee
P. H. Müller (CH)	T. S. Eliot (GB)	–
W. R. Hess (CH) E. A. Moniz (P)	W. Faulkner (USA)	Lord Boyd Orr of Brechin (GB)

Nobelpreis	Physik	Chemie
1950	C. F. Powell (GB)	O. P. H. Diels (D) K. Alder (D)
1951	J. D. Cockcroft (GB) E. T. S. Walton (IRL)	E. M. McMillan (USA) G. T. Seaborg (USA)
1952	F. Bloch (USA) E. M. Purcell (USA)	A. J. P. Martin (GB) R. L. M. Synge (GB)
1953	F. Zernike (NL)	H. Staudinger (D)
1954	M. Born (GB) W. Bothe (D)	L. C. Pauling (USA)
1955	W. E. Lamb (USA) P. Kusch (USA)	V. du Vigneaud (USA)
1956	W. Shockley (USA) J. Bardeen (USA) W. H. Brattain (USA)	C. N. Hinshelwood (GB) N. N. Semenov (SU)
1957	C. N. Yang (TJ) T. D. Lee (TJ)	A. R. Todd (GB)
1958	P. A. Čerenkov (SU) I. M. Frank (SU) I. J. Tamm (SU)	F. Sanger (GB)
1959	E. G. Segrè (USA) O. Chamberlain (USA)	J. Heyrovský (CS)
1960	D. A. Glaser (USA)	W. F. Libby (USA)
1961	R. Hofstadter (USA) R. L. Mössbauer (D)	M. Calvin (USA)
1962	L. D. Landau (SU)	M. F. Perutz (GB) J. C. Kendrew (GB)

Physiologie/Medizin	Literatur	Frieden
E. C. Kendall (USA) T. Reichstein (CH) P. S. Hench (USA)	B. Russell (GB)	R. Bunche (USA)
M. Theiler (ZA)	P. F. Lagerkvist (S)	L. Jouhaux (F)
S. A. Waksmann (USA)	F. Mauriac (F)	A. Schweitzer (F)
H. A. Krebs (GB) F. A. Lipmann (USA)	W. L. S. Churchill (GB)	G. C. Marshall (USA)
J. F. Enders (USA) T. H. Weller (USA) F. C. Robbins (USA)	E. M. Hemingway (USA)	Office of the United Nations, High Commissionar for Refugees
A. H. T. Theorell (S)	H. K. Laxness (IS)	–
A. F. Cournand (USA) W. Forssmann (D) W. Richards (USA)	J. R. Jiménes (E)	–
D. Bovet (I)	A. Camus (F)	L. B. Pearson (CDN)
G. W. Beadle (USA) E. L. Tatum (USA) J. Lederberg (USA)	B. L. Pasternak (SU)	G. Pire (B)
S. Ochoa (USA) A. Kornberg (USA)	S. Quasimodo (I)	P. J. Noel-Baker (GB)
F. M. Burnet (AUS) P. B. Medawar (B)	Saint-John Perse (F)	A. J. Lutuli (ZA)
G. von Békésy (USA)	I. Andrić (YU)	D. Hammarskjöld (S)
F. H. C. Crick (GB) J. D. Watson (USA) M. H. F. Wilkins (GB)	J. Steinbeck (USA)	L. C. Pauling (USA)

Nobelpreis	Physik	Chemie
1963	E. P. Wigner (USA) M. Goeppert-Mayer (USA) J. H. D. Jensen (D)	K. Ziegler (D) G. Natta (I)
1964	C. H. Townes (USA) N. G. Basov (SU) A. M. Prochorov (SU)	H. Crowfoot (GB)
1965	S.-I. Tomonaga (J) J. Schwinger (USA) R. P. Feymnan (USA)	R. B. Woodward (USA)
1966	A. Kastler (F)	R. S. Mulliken (USA)
1967	H. A. Bethe (USA)	M. Eigen (D) R. G. W. Norrish (GB) G. Porter (GB)
1968	L. W. Alvarez (USA)	L. Onsager (USA)
1969	M. Gell-Mann (USA)	D. H. R. Barton (GB) O. Hassel (N)
1970	H. Alfvén (S) L. Néel (F)	L. F. Leloir (RA)
1971	D. Gabor (GB)	G. Herzberg (CDN)
1972	J. Bardeen (USA) L. N. Cooper (USA) J. R. Schrieffer (USA)	Ch. B. Anfinsen (USA) W. Stein (USA) St. Moore (USA)
1973	L. Esaki (USA) I. Giaever (USA) B. D. Josephson (GB)	E. O. Fischer (D) G. Wilkinson (GB)

Physiologie/Medizin	Literatur	Frieden
J. C. Eccles (AUS) A. L. Hodgkin (GB) A. F. Huxley (GB)	G. Seferis (GR)	International Committee of the Red Cross League of the Red Cross Societies
K. Bloch (USA) F. Lynen (D)	J.-P. Sartre (F)	M. L. King (USA)
F. Jacob (F) A. Lwoff (F) J. Monod (F)	M. A. Solochov (SU)	United Nations Children's Fund
P. Rous (USA) C. B. Huggins (USA)	S. Y. Agnon (IL) N. Sachs (D)	–
R. Granit (S) H. K. Hartline (USA) G. Wald (USA)	M. A. Asturias (Guatemala)	–
R. W. Holley (USA) H. G. Khorana (USA) M. W. Nirenberg (USA)	Y. Kawabata (J)	R. Cassin (F)
M. Delbrück (USA) A. D. Hershey (USA) S. E. Luria (USA)	S. Beckett (IRL)	International Labour Organization
B. Katz (GB) U. von Euler (S) J. Axelrod (USA)	A. Solzhenitsyn (SU)	N. Borlaug (USA)
E. W. Sutherland (USA)	P. Neruda (RCH)	W. Brandt (D)
G. M. Edelman (USA) R. R. Porter (GB)	H. Böll (D)	–
K. von Frisch (D) K. Lorenz (D) N. Tinbergen (GB)	P. White (USA)	H. A. Kissinger (USA) Lê Duc Tho (wies die Annahme des Preises zurück)

Nobelpreis	Physik	Chemie
1974	M. Ryle (GB) A. Hewish (GB)	P. J. Flory (USA)
1975	A. Bohr (DK) B. Mottelson (DK) J. Rainwater (USA)	J. W. Cornforth (GB) V. Prelog (CH)
1976	B. Richter (USA) S. Chao Chung Ting (USA)	W. N. Lipscomb (USA)
1977	P. W. Anderson (USA) J. H. Van Vleck (USA) Sir N. F. Mott (GB)	I. Prigogine (B)

André Gide,
Nobelpreis für Literatur 1947

Otto Hahn,
Nobelpreis für Chemie 1944

Physiologie/Medizin	Literatur	Frieden
A. Claude (B) Ch. de Duve (B) G. E. Palade (USA)	H. Martinson (S) E. Johnson (S)	E. Sato (J) S. MacBride (IRL)
D. Baltimore (USA) R. Dulbecco (USA) H. M. Temin (USA)	E. Montale (I)	A. D. Sacharow (SU)
B. S. Blumberg (USA) D. C. Gajdusek (USA)	S. Bellow (USA)	B. Williams (GB) M. Corrigan (GB) (nachträglich 1977 vergeben)
R. Guillemin (USA) A. V. Schally (USA) R. Yalow (USA)	V. Aleixandre (E)	Amnesty International

Heinrich Böll,
Nobelpreis für Literatur 1972

Mutter Teresa,
Friedensnobelpreis 1979

Nobelpreis	Physik	Chemie
1978	P. L. Kapiza (SU) A. A. Penzias (USA) R. W. Wilson (USA)	P. Mitchell (GB)
1979	S. L. Glashow (USA) S. Weinberg (USA) A. Salam (PK)	H. C. Brown (GB) G. Wittig (D)
1980	J. W. Cronin (USA) V. L. Fitch (USA)	P. Berg (USA) W. Gilbert (USA) F. Sanger (GB)
1981	K. M. Siegbahn (S) N. Bloembergen (USA) A. L. Schawlow (USA)	K. Fukui (JPN) R. Hoffmann (USA)
1982	K. G. Wilson (USA)	A. Klug (GB)

Physiologie/Medizin	Literatur	Frieden
W. Arber (CH) D. Nathans (USA) H. O. Smith (USA)	I. B. Singer (USA)	A. El Sadat (ET) M. Begin (IL)
A. McLeod Cormack (USA) G. N. Hounsfield (GB)	O. Elitis (GR)	Mutter Teresa (Agnes Gonxha Bojaxhio (AL, IND)
B. Benacerraf (USA) J. Dausset (F) G. D. Snell (USA)	C. Milosz (USA)	A. P. Esquivel (RA)
R. W. Sperry (USA) D. H. Hubel (USA) T. Wiesel (S)	E. Canetti (CH)	Office of the United Nations, High Commissionar for Refugees
S. Bergström (S) B. Samuelsson (S) J. Vane (GB)	G. G. Marquez (CO)	A. Myrdal (S) A. G. Robles (MEX)

Schlußbetrachtung

Auf den ersten Blick fällt es leicht, Alfred Nobel, wie im Vorwort angedeutet, als zwiespältig zu charakterisieren: Waffenschmied und Friedensapostel in einer Person? Wohl wurden Dynamit und spätere Sprengstoffe in vielfältiger Weise auch für friedliche Zwecke eingesetzt, die kriegerische Anwendung kann aber nicht übersehen werden. Daß Nobel seine Entwicklungen als wichtig zur Verteidigung, zur Friedenssicherung ansah – ein bei der gegenwärtigen Diskussion um Rüstung, Abrüstung und Nachrüstung aktueller Gedankengang –, wird mancher Kritiker als Vorwand zur Rechtfertigung abtun.

Die Menschheit verfügt heute über Waffen, im Vergleich zu denen die Nobelschen Pulver harmlos wirken. 50000 Atombomben sollen in den Arsenalen liegen, zweihundert davon sollen ausreichen, um die USA und die UdSSR völlig zu zerstören.[220] Anderen Schätzungen zufolge entspricht ihre Explosivkraft pro Kopf der Erdbevölkerung 30 Tonnen TNT[221]. Es ist abzusehen, wann Weltraumkriege mit Jagd- und Killersatelliten[222], mit Laserwaffen möglich sind.[223] Oder können wir mit Nobel und mit Albert Einstein hoffen, daß Superwaffen die Schwelle für Kriege erhöhen?[224]

«Die gegenwärtigen Mittel zur Massenvernichtung sind von solcher Art, daß die Unvernünftigkeit eines Versuches, Machtfragen durch neue Weltkriege zu lösen, selbst für den phantasielosesten Mitmenschen offen zutage liegt.»[225]

Wer Waffen allerdings nur der Chemie und Technik anlastet, der muß daran erinnert werden, daß Waffen auch aus der Natur rekrutiert werden können. Gefährdungen durch biologische Waffen können aber gerade nur durch eine hochstehende Forschung reduziert werden. Gefahren drohen dem Menschen nicht nur auf Grund seiner geistigen Unvollkommenheit, sondern seit jeher auch aus der Natur selbst. Einst tödliche Krankheiten sind zwar heute großenteils harmlos, jedoch sind Kreislauferkrankungen und Krebs manches Menschen frühes «Schicksal»[226]. Die heute oft als «gut» und als in Harmonie befindlich deklarierte Natur, in der der Überlegene den Schwächeren erbarmungslos jagt, scheut sich durchaus nicht vor Gleichgewichtsstörungen durch Erdbeben, Überschwemmungen, Tier- und Pflanzenkrankheiten.[227] Im übrigen besteht und funktioniert unsere Natur weitestgehend aus und mit Chemie.

Es ist andererseits erinnernswert, wie als negativ eingestufte Chemikalien oder Techniken positiv genutzt werden können: So wie Nitroglycerin und verwandte Salpetersäureabkömmlinge bei Angina pectoris, Lungenödem usw. unentbehrlich sind, so haben sich Laserstrahlen bei diffizilen Operationen, zum Beispiel am Auge, bewährt, ähnlich wie Radioaktivität sich nicht nur zur Energiegewinnung, sondern auch für medizinisch-diagnostische Zwecke zweifellos nutzbringend anwenden läßt.

Es sei in diesem Zusammenhang klargestellt, daß nur die zu Unrecht gescholtene Chemie Stoffe in höchster Reinheit, frei von Giften, darzustellen erlaubt. Dank ihr wissen wir, wo in unserer Natur, unserer Umwelt, unserer Nahrung Schadstoffe, auch natürliche, stecken. Die Natur allein ernährt auch nicht die derzeit in totaler Armut hungernden 450 Millionen Menschen.[228] Rücksicht auf Umwelt und Nachwelt ist daher ohne wissenschaftliche Erkenntnisse nicht möglich.[229]

Die heute übliche abwertende Kopplung wissenschaftlich-technischer Begriffe mit negativierenden Aussagen wie «Atomare Bedrohung», «Computer-Herrschaft», Reizüberflutung durch Fernsehen und Presse, Arzneimittelmißbrauch, Schulstress stellt leider oft den Falschen als Schuldigen hin. Warum wollen viele Mitmenschen wirklich einmalige Leistungen der Wissenschaft nicht mehr anerkennen? Ist es nicht großartig, daß die Medizin mit den von der Chemie entwickelten Arzneimitteln in der Lage ist, die Lepra, an der heute noch 20 Millionen Menschen erkrankt sind[230], zum Stillstand zu bringen? Daß 6000 Kinderlähmungsopfer jährlich durch Schluckimpfung verhindert und dadurch 350 Millionen Mark Behandlungs- und Pflegekosten gespart werden?[231] Die Wissenschaft hat entscheidend dazu beigetragen, Sklaven durch Maschinen zu ersetzen.[232]

Die wenigen Beispiele mögen auch den großen Einfluß ahnen lassen, den die Wissenschaften heute auf unser Leben haben; er ist größer als je zuvor. So wie Nobel mit seinen chemischen Produkten Reichtum und Einfluß gewann, haben die Wissenschaften und ihre Institutionen zweifellos einen gewissen Machtzuwachs für sich verbuchen können. Es ist auch aus dieser Sicht kaum verwunderlich, daß sie auf manche Kreise suspekt wirken und sich in der Öffentlichkeit Unbehagen breitgemacht hat.

Wer aber soll die Wissenschaft und Technik steuern, wer die Grenzen ziehen, wie sie früher von der Kirche vorgeschrieben wurden? Wer soll dafür sorgen, daß Wissenschaft und Technik, deren Entdeckungen und Entwicklungen ambivalent sind, also in der Hand des Menschen nützlich oder schädlich sein können – was häufig nicht vorhersehbar ist –, zum Wohl der Menschheit eingesetzt werden?

J. Hersch stellte die These auf, «daß der wissenschaftlichen Forschung etwas zu eigen ist, das unabhängig von ihren Resultaten und Folgen Wert besitzt». Ein «Wissenschaftler trägt die Verantwortung für die Wahl seines Forschungsgebietes» ebenso wie für die Richtigkeit und Vollständigkeit der «Auskünfte, die er über Ergebnisse seiner Forschungsarbeit abgibt – oder nicht abgibt».[233]

Die Verantwortung des Wissenschaftlers kann sich daher nicht auf das erstrecken, was er entdeckt hat, sondern auf das, «was er nach der Entdeckung tut». Jede Anwendung seiner wissenschaftlichen Erkenntnisse «setzt einen politischen oder wirtschaftlichen Entschluß voraus»[234].

«Das wirkliche und legitime Ziel der Wissenschaft ist es», abgesehen von der Bedeutung der Naturwissenschaften für die Formulierung menschlicher Werte, «für das menschliche Leben neue Erfindungen und Reichtümer hervorzubringen».[235] Einen idealen Fortschritt gibt es dabei sicherlich nicht.

Wissenschaft und Technik stehen derzeit im «Kreuzfeuer der öffentlichen Meinung». Insbesondere die Chemie ist «vom Tausendkünstler zum Prügelknaben»[236] abqualifiziert worden. Was sind die Gründe und ist die abgewertete Einschätzung der «Fortschrittsidee»[237] gerechtfertigt? Kann man von einer Krise der Wissenschaft selbst reden?

Abgesehen von der Wissenschaft als Machtfaktor, selbstverschuldeten Widersprüchen einiger Wissenschaftler, mangelnder Umweltmoral einiger «schwarzer Schafe» kommt bei der Chemie hinzu, daß Produktionsprozesse «nicht mit vollkommener Sicherheit»[238] durchgeführt werden können. Politische Forderungen zu stellen scheint hier oft der einfachere Weg zu sein, als die Grundlagen der Chemie und ihre Zusammenhänge zu erarbeiten. Dabei hat es die Chemie naturgemäß besonders schwer, für den Laien durchsichtig zu sein. Von der Theorie her vergleichsweise kompliziert, ist sie ohne mühsame experimentelle Erfahrung kaum faßbar. Hinzu kommt, daß das Riesengebiet von der leblosen anorganischen Materie bis in Physik und Biologie hineinreicht.

Neue Chancen, die Auswirkungen technischer Entwicklungen frühestzeitig in den Griff zu bekommen, können sich aus dem Forschungsgebiet der «Technikfolgeabschätzung» ergeben.[239] Sicher ist, daß wir zur Bewältigung der zukünftigen Probleme um so besser gerüstet sind, je mehr wir wissen und erkannt haben. Unzweifelhaft werden die Naturwissenschaften und die Technik hier einen großen Beitrag leisten. Ihr Einfrieren auf dem jetzigen Stand wäre mit Sicherheit ein fataler Irrweg. Man wird auch ein Kind aus Furcht vor schädlichen Einflüssen nicht zu Hause festhalten. Unaufhaltsame Entdeckungen werden wenn nicht hier, dann anderswo, zu neuen nutzbaren Entwicklungen führen. Die Geschichte hat gezeigt, daß technischer Fortschritt langfristig in sozialen Fortschritt umgesetzt werden kann.[240]

Die Dimensionen der Probleme, die auf uns zukommen, werden von Jahr zu Jahr größer. Dementsprechend erfordert ihre Lösung noch stärkere Anstrengungen, gerade in Forschung und Entwicklung. Unser aller Verantwortung ist mitgestiegen. Welchen Sinn gibt es, daß die Menschheit nicht zusammensteht, sondern historische und neugeschaffene Feindschaften pflegt und Rohstoffe und Steuereinnahmen großteils in Waffen ummünzt?

Wir übersehen heute die Entwicklung des Dynamits und anderer Sprengstoffe aus der historischen Distanz besser, als es Alfred Nobel möglich war. Sie haben der Menschheit zweifellos Leid gebracht, aber schließlich – von selbst explodieren weder Dynamit noch Atombomben! Der Mensch erweist sich immer wieder als schwaches und damit entscheidendes Glied in einer Kette von Zusammenhängen.

Wie also soll Alfred Nobel in diesem Umfeld beurteilt werden? Sicher war er ein Mensch mit seinen Schwächen, aber auch mit beachtlichen Stärken. Eines war er bestimmt nicht: ein gewissenloser Waffenhändler und Geldschneider. Eher darf man es als günstigen Umstand betrachten, daß ein bedeutender Kosmopolit wie er von hohem Verantwortungsbewußtsein Nitroglycerin, Dynamit und Sprenggelatine vor dem Zugriff Unverantwortlicher bewahrte, in deren Händen durch rigorose Anwendung Unheil angerichtet worden wäre. Während jene alten Waffen heute gegenüber den Superbomben als nahezu harmlos angesehen werden können, stellt sich die Frage des unbedachten Einsatzes heute wie damals.

Die Menschheit hat es in der Hand, in der ihr verbleibenden Zeitspanne die wissenschaftlichen Erkenntnisse und technischen Möglichkeiten in wünschenswerten Fortschritt, in Chancen für die Menschen umzumünzen. Die Wissenschaftler sind aufgerufen und verpflichtet, hierzu ihr Bestes zu geben. Möglichst viele Menschen sollten aber – von ihrem Standort aus – an der Erweiterung des Erkenntnisstandes und der Erneuerung der menschlichen Werte teilnehmen, wodurch Konfrontationen voraussichtlich weniger wahrscheinlich würden: Diesen Sachverhalt hat wohl auch Louis Pasteur (1822–95) mit dem Satz ausdrücken wollen: «Die Menschen werden durch Unwissenheit entzweit, Wissen aber verbindet sie.»

Anmerkungen

1 Rolf Wünnenberg: «Alfred Nobel. Dynamit und Frieden». München 1973. S. 31

2 Erik Bergengren: «Alfred Nobel. Eine Biographie». München–Esslingen 1965. S. 29

3 Wünnenberg, a. a. O., S. 35

4 Bergengren, a. a. O., S. 34

5 Werkzeitschrift «Dynamit Nobel», Jg. 11, Heft 2, April 1965, S. 7

6 Bergengren, a. a. O., S. 36

7 Wünnenberg, a. a. O., S. 38

8 Aus dem Englischen übertragen von Inge Rohrmoser; in: Wünnenberg, a. a. O., S. 39 (etwas modifiziert)

9 Wünnenberg, a. a. O., S. 34

10 Bergengren, a. a. O., S. 38

11 Ebd.

12 Wünnenberg, a. a. O., S. 45

13 Die chemische Bezeichnung ist Glycerin-trinitrat. Es handelt sich also nicht um eine Nitroverbindung, sondern um einen (dreifachen) Ester der Salpetersäure mit dem Alkohol Glycerin.

14 Curt Wallach: «Der Nobelpreis». Berlin 1950. S. 9

15 Nitromannit ist ein Salpetersäureester des (sechsfachen) Alkohols Mannit.

16 Zur Geschichte des Nitroglycerins, insbesondere der therapeutischen Anwendung, vgl. N. I. Foster und N. D. Heindel: «J. Chem. Education» 1981, S. 364

17 Vgl. «Abstracts, 1. Isosorbid-5-mononitrat-Symposium», Mannheim, Boehringer Mannheim Symposia, 15./16. Januar 1981; vgl. auch «Neues vom Nitroglycerin», Ausgaben Nov. 1980, Jan. 1981, März 1981. Hg. G. Pohl-Boskamp, 2214 Hohenlockstedt; dort Literaturangaben.

18 Wallach, a. a. O., S. 11

19 Wünnenberg, a. a. O., S. 53 – Auch hieraus geht hervor, daß Alfred Nobel nicht rein empirisch vorging und daß seine Entdeckungen nicht zufällig entstanden, wie oft angenommen wurde.

20 Heutige Bezeichnung: Natriumnitrat. – Vor Versuchen, nach diesem simpel erscheinenden Verfahren Nitroglycerin auch nur tropfenweise herzustellen, kann nicht eindringlich genug gewarnt werden. Hierzu sind große Erfahrung, spezielle Methoden und Speziallaboratorien erforderlich; vgl. z. B. W. Bartknecht: «Explosions, Course, Prevention, Protection». Berlin 1980.

21 «Dynamit Nobel», a. a. O., S. 13

22 Wünnenberg, a. a. O., S. 56

23 Ebd., S. 58

24 Bergengren, a. a. O., S. 49

25 Wünnenberg, a. a. O., S. 60

26 Ebd.

27 Wallach, a. a. O., S. 7

28 1910 war die deutsche «Dynamit-Aktien-Gesellschaft, vormals Alfred Nobel & Co.» mit 600 Mitarbeitern und 12 Millionen Mark Kapital die größte Sprengstoffabrik auf dem europäischen Festland. Außer dem Stammwerk in Krümmel gehörten ihr Fabriken in Schlebusch bei Köln, in Saarwellingen bei Saarbrücken und in Pfungstadt bei Darmstadt. Im Ersten Weltkrieg wuchs die Belegschaft in Krümmel auf 2700, fiel danach aber stark ab. Neben der gedrosselten Sprengstoffherstellung wurden Kunstfasern – «Stapelfaser» und «Vistra» – erzeugt, in Troisdorf wurden Kunststoffe hergestellt und das Spritzgußverfahren ausgearbeitet. Wegen der Nachkriegsprobleme schloß sich der Nobel-Kartellverband 1926 der 1925 endgültig gegründeten «IG Farben» in Frankfurt am Main an. Die Produktion wurde neu verteilt; Krümmel stellte wieder Nitroglycerin her. Troisdorf wurde Zentrum des Nobel-Zweigs innerhalb der IG Farben.

1931 betrug das Grundkapital der Gesellschaft, die ihren Sitz von Hamburg nach Köln verlegt hatte, über 47 Millionen RM. 1932 wurde Troisdorf Sitz der Verwaltung. 1936 hatte das Werk in Krümmel 3000 Betriebsangehörige, während des Zweiten Weltkriegs 9170. Es war eine der größten Munitionsfabriken Deutschlands. Erst in den letzten Kriegstagen wurde es bei Luftangriffen völlig zerstört. Die «IG» wurde entflochten. Wieder wurden – unter alliierter Kontrolle – Kunststoffe und Chemikalien produziert. Ab 1953 konnten in Troisdorf ohne Kontrolle auch Sprengstoffe erzeugt werden. 1956 entstand ein neues Verwaltungsgebäude, 1959 wurde der Firmenname in «Dynamit Nobel» geändert. 1965 betrug die Belegschaft über 21 000. Außer Sprengmitteln werden heute Kunststoffe und zahlreiche Chemikalien hergestellt.

Die österreichische «A.G. Dynamit-Nobel» konnte 1966 in Wien ihr hundertjähriges Jubiläum feiern.

Zur Geschichte der Nobel-Unternehmen vgl. «Hundert Jahre Dynamit Nobel 1865–1965». Werkzeitschrift Jg. 11, Heft 3, Juni 1965; vgl. auch «Festschrift». Hg. von der Aktiengesellschaft Dynamit Nobel Wien zu Ehren Alfred Nobels aus Anlaß der Erteilung der ersten Sprengstoffpatente vor 100 Jahren.

29 Aus den Kieselsäuregerüsten (-panzern) der Diatomeenarten besonders im Tertiär entstandene Ablagerungen, auch Kieselerde oder Infusorienerde genannt. Diatomeen, Kieselalgen sind mikroskopisch kleine, niedere, vorwiegend einzellige Pflanzenarten, die als Plankton im Meer- und Süßwasser treiben. Ihr vielfältig geformter, poröser Panzer (mikroskopische Aufnahmen von Diatomeen und Radiolarien, die deren wenige zehntel Millimeter große, ästhetisch-symmetrische Leichtbaustruktur in mehrtausendfacher Vergrößerung zeigen, findet man z. B. im Kunstkalender «Macro Color», Accidentia Druck- und Verlags GmbH, Düsseldorf, 1977 und 1979 sowie in «Chemie in unserer Zeit», Jg. 14, Heft 6 [1980], Titelbild; Autor: Manfred Kage) besteht aus Kieselsäure (Siliciumdioxid).

30 Wallach, a. a. O., S. 13

31 Bergengren, a. a. O., S. 64

32 Ebd.

33 Ebd., S. 66
34 Auch dies zeigt, daß die spätere Erfindung des Dynamits kein Zufall ist, wie vielfach behauptet wurde, sondern auf systematischen Vorarbeiten aufbaute.
35 s. Anm. 29
36 Nach dem altgriechischen Wort dynamis: Kraft.
37 Bergengren, a. a. O., S. 68
38 Bergengren, a. a. O., S. 69; Wünnenberg, a. a. O., S. 74
39 Bergengren, a. a. O., S. 221
40 Wünnenberg, a. a. O., S. 74
41 «Nobel. The Man & His Prizes». Hg. The Nobel Foundation und W. Odelberg. 3. Aufl. New York–London–Amsterdam 1972. S. 11
42 Wallach, a. a. O., S. 31
43 Bergengren, a. a. O., S. 85
44 Wallach, a. a. o., S. 45
45 Bergengren, a. a. O., S. 92
46 Ebd., S. 206
47 Ebd., S. 191
48 Wallach, a. a. O., S. 41
49 Bergengren, a. a. O., S. 101
50 Ebd., S. 211
51 Wünnenberg, a. a. O., S. 95
52 Das Leben Bertha von Suttners versucht der deutsche Spielfilm «Herz der Welt» aus dem Jahre 1951, in dem auch Alfred Nobel kurz vorkommt, zu schildern.
53 Bertha von Suttner: «Memoiren». Hg. Lieselotte von Reinken, mit einem Geleitwort von E. V. Pauling und L. Pauling. Bremen 1965
54 Ebd.
55 Ebd.
56 Ebd.
57 Ebd.
58 Ebd.
59 Ebd.
60 Bergengren, a. a. O., S. 250
61 Suttner, a. a. O.
62 Ebd.
63 Ebd.
64 Wünnenberg, a. a. O., S. 98 f
65 Bergengren, a. a. O., S. 252
66 Ebd., S. 255
67 Ebd., S. 254
68 Wallach, a. a. O., S. 41
69 Wünnenberg, a. a. O., S. 95
70 Ebd., S. 88
71 Ebd.
72 Bergengren, a. a. O., S. 255
73 Wünnenberg, a. a. O., S. 88
74 Bergengren, a. a. O., S. 234
75 Wallach, a. a. O., S. 25
76 Ebd.

77 Wünnenberg, a. a. O., S. 105
78 Wallach, a. a. O., S. 26f
79 Ebd., S. 25
80 Ebd., S. 26f
81 Bergengren, a. a. O., S. 110
82 Ebd.
83 Wallach, a. a. O., S. 26f
84 Bergengren, a. a. O., S. 109
85 Wallach, a. a. O., S. 44; Wünnenberg, a. a. O., S. 111
86 Wallach, a. a. O., S. 26f
87 Wünnenberg, a. a. O., S. 113
88 Bergengren, a. a. O., S. 135; dort und auch in Wünnenberg, a. a. O., S. 115
   heißt es fälschlicherweise: «Ersetzt man das Nitroglycerin ganz oder teilweise
   durch Kampfer, so bekommt man ein Celluloid . . .»
89 Bergengren, a. a. O., S. 136
90 Ebd., S. 144
91 Ebd., S. 146
92 Ebd., S. 148
93 Ebd.
94 Ebd., S. 150
95 Ebd., S. 221
96 Ebd., S. 122
97 s. a. Anm. 28. Die weitere Entwicklung der Nobel-Fabriken verlief kurz gefaßt wie folgt:
   Der Ausbruch des Ersten Weltkriegs bedeutete das Ende des 1886 gegründeten englisch-deutschen Trusts, der 1897 durch die «Australian Explosives and Chemical Co., Melbourne» erweitert worden war. 1915 wurden die
   Aktiva unter die Aktionäre der einzelnen Länder aufgeteilt. Die Werke wurden von den jeweiligen Regierungen gezwungen, ihre Produktion ausschließlich auf den nationalen Kriegsbedarf umzustellen.
   Nach Kriegsende, 1918, schloß sich die britische «Nobel's Explosives Co.» mit
   der Konkurrenz – insgesamt 23 Unternehmen – zu einem riesigen Trust, den
   «Explosives Trades Ltd.» zusammen, ein Meilenstein in der Geschichte der
   Sprengstoffindustrie Großbritanniens.
   Im Jahre 1920 wurde der Name des Trusts – Aktienkapital 18 Millionen englische Pfund – in «Nobel Industries Ltd.» geändert; die Hauptgeschäftsstelle
   wurde das «Nobel House», Buckingham Gate in London. Hier wie anderswo
   hatte sich gezeigt, daß auf den als Gütezeichen wirkenden Namen Nobels
   nicht verzichtet werden konnte. Mit den überseeischen Besitzungen umfaßte
   der Konzern nach 1920 bald 54 Firmen und 93 Fabriken und kontrollierte
   damit nicht nur alle bekannten Sprengstoffe für private und militärische Anwendung einschließlich des Zubehörs, sondern auch viele zugehörige Rohstoffe wie Glycerin, Säuren, Salze und andere Chemikalien und hatte ein Mit-
   spracherecht bei Eisen, Stahl, Buntmetallen, Maschinen, Fahrrädern, Texti-
   lien, Papier, Kunstleder, Lack, Firnis, Farben, synthetischen Fasern und
   Kunststoffen.
   Mitte der zwanziger Jahre wurde die Konkurrenz der leistungsfähigen deutschen chemischen Industrie in England und auf den internationalen Märkten
   für den Nobel-Trust und besonders für die nicht fusionierten englischen Fir-

men immer bedrohlicher. In Deutschland wurden von dem riesigen Konzern der «I.G. Farbenindustrie Aktiengesellschaft» hochwertige chemische und technische Produkte erzeugt und weltweit vertrieben. Die deutschen Nobel-Firmen unterhielten in dieser Zeit der Flaute Kontakte zur IG-Farbenindustrie, die neue Absatzmärkte suchte. 1926 sahen sich die «Nobel Industries» genötigt, mit der inländischen Konkurrenz – «United Alkali Co.», «British Dyestuffs Co.» und «Brunner, Mond & Co.» – zu einem noch größeren neuen Trust, den «Imperial Chemical Industries Ltd.» zu fusionieren. «ICI» gehört heute zu den größten Chemie-Unternehmen der Welt.

In den USA hatte die alte Pulverfabrik «Du Pont de Nemours» die Sprengstoffwerke übernommen. Sie ist heute der größte Chemiekonzern der USA; Wilmington wurde durch ihn wichtigste Stadt und größter Hafen des Staates Delaware.

Der Trust der romanischen Länder entwickelte sich folgendermaßen: 1887 hatten Nobel und Barbe die französische «Société Générale pour la Fabrication de la Dynamite et des Produits chimiques» in einem Kartell mit den schweizerisch-italienischen, spanischen und portugiesischen Gesellschaften einschließlich Tochtergesellschaften in Mittel- und Südamerika vereinigt. 1927 wurde der Name der «Société Générale» in «Société Nobel Française» geändert. Man begann, die vielversprechenden Cellulose- und Kunststofferzeugnisse herzustellen. Im Jahre 1956 hatte die «Société» die Aktienmehrheit in drei großen Sprengstoff-, Kunststoff- und Bergbauausrüstungs-Unternehmen Frankreichs, der «Société Générale d'Explosifs Cheddite», der «Société Plastella» und der «Société Rey Frères», mit einem Gesamtkapital von 380 Millionen Francs. Ein Jahr später verband sich die «Société Nobel Française» mit der einflußreichen «Société-Bozel-Maletra». Man nannte sich nun «Société Nobel-Bozel»; das Aktienkapital belief sich 1960 auf über 3 Milliarden Francs.

98 Wünnenberg, a. a. O., S. 126
99 Ebd.
100 Bergengren, a. a. O., S. 144
101 «Nobel. The Man & His Prizes», a. a. O., S. 6
102 Wünnenberg, a. a. O., S. 135; Wallach, a. a. O., S. 45
103 Suttner, a. a. O.
104 Wünnenberg, a. a. O., S. 136
105 Bergengren, a. a. O., S. 138
106 Wünnenberg, a. a. O., S. 136
107 Bergengren, a. a. O., S. 138
108 Ebd., S. 154f
109 Ebd.
110 Suttner, a. a. O.
111 Bergengren, a. a. O., S. 154f
112 Ebd., S. 165
113 Wünnenberg, a. a. O., S. 142
114 Bergengren, a. a. O., S. 163
115 Ebd.
116 Suttner, a. a. O.; Bergengren, a. a. O., S. 162; vgl. J. Troell: «Der Flug des Adlers». Dreiteiliger ARD-Fernsehfilm, Mai 1982.
117 Bergengren, a. a. O., S. 161

118 Ebd.
119 Ebd.
120 Suttner, a. a. O., Bergengren, a. a. O., S. 162
121 Bergengren, a. a. O., S. 164
122 Ebd., S. 154f
123 Ebd., S. 158
124 Ebd., S. 166
125 Wünnenberg, a. a. O., S. 147
126 Bergengren, a. a. O., S. 236
127 Wünnenberg, a. a. O., S. 146
128 Bergengren, a. a. O., S. 239
129 Ebd., S. 237
130 Suttner, a. a. O.; vgl. Ernst Meier: «Alfred Nobel, Nobelstiftung, Nobel-preise». Berlin 1954. S. 43
131 Bergengren, a. a. O., S. 241
132 Ebd.
133 Suttner, a. a. O.
134 Suttner, a. a. O.; Wünnenberg, a. a. O., S. 150
135 Suttner, a. a. O., Wünnenberg, a. a. O., S. 151
136 Bergengren, a. a. O., S. 245
137 Suttner, a. a. O.; Bergengren, a. a. O., S. 242
138 Wünnenberg, a. a. O., S. 153
139 Bergengren, a. a. O., S. 243
140 Wünnenberg, a. a. O., S. 98f; Bergengren, a. a. O., S. 243
141 Bergengren, a. a. O., S. 243
142 «Nobel. The Man & His Prizes», a. a. O., S. 12
143 Bergengren, a. a. O., S. 244
144 Ebd., S. 246
145 «Nobel. The Man & His Prizes», a. a. O.
146 Bergengren, a. a. O., S. 247
147 Ebd.
148 Wünnenberg, a. a. O., S. 159
149 Ebd., S. 154
150 Suttner, a. a. O.; Wünnenberg, a. a. O., S. 157
151 Bergengren, a. a. O., S. 167
152 Ebd., S. 169
153 Ebd., S. 167
154 Ebd., S. 172
155 Wünnenberg, a. a. O., S. 162
156 Bergengren, a. a. O., S. 170
157 Wünnenberg, a. a. O., S. 168
158 Ebd., S. 169
159 Ebd., S. 170
160 Ebd.
161 Bergengren, a. a. O., S. 209
162 Ebd.
163 Wünnenberg, a. a. O., S. 171
164 Bergengren, a. a. O., S. 212
165 Ebd.

166 Wünnenberg, a. a. O., S. 173
167 Ebd.
168 Ebd., S. 175
169 Ebd.
170 Wallach, a. a. O., S. 38
171 Ebd.
172 Bergengren, a. a. O., S. 210
173 Bergengren, a. a. O., S. 208; Wallach, a. a. O., S. 44
174 Wünnenberg, a. a. O., S. 177; Wallach, a. a. O., S. 44
175 Ebd.
176 Wünnenberg, a. a. O., S. 178
177 Bergengren, a. a. O., S. 173
178 Wünnenberg, a. a. O., S. 178
179 Ebd., S. 179
180 Ebd.
181 Ebd.
182 Ebd., S. 180
183 Wallach, a. a. O., S. 42
184 Wünnenberg, a. a. O., S. 181
185 Bergengren, a. a. O., S. 223
186 Ebd., S. 213
187 «Nobel. The Man & His Prizes», a. a. O., S. 7; Wünnenberg, a. a. O., S. 182
188 Bergengren, a. a. O., S. 218
189 Ebd.
190 Ebd., S. 221
191 Wünnenberg, a. a. O., S. 182
192 Ebd.
193 Bergengren, a. a. O., S. 207
194 Wünnenberg, a. a. O., S. 183
195 Ebd.
196 Bergengren, a. a. O., S. 221
197 Wünnenberg, a. a. O., S. 183
198 Ebd.
199 Ebd.
200 Ebd., S. 184
201 Dort wohnten ihre habgierigen Verwandten.
202 Bergengren, a. a. O., S. 256
203 Ebd., S. 221
204 Wünnenberg, a. a. O., S. 186
205 Bergengren, a. a. O., S. 175; vgl. Wünnenberg, a. a. O., S. 186
206 Werkzeitschrift «Dynamit Nobel», 11. Jg., Heft 6, Dezember 1965, S. 2
207 Suttner, a. a. O.
208 «Nobel. The Man & His Prizes», a. a. O., S. 32, 21; Bergengren, a. a. O., S. 176
209 «Dynamit Nobel», 11. Jg., Heft 6, Dezember 1965, S. 2
210 «Nobel. The Man & His Prizes», a. a. O., S. Xf
211 Wünnenberg, a. a. O., S. 192
212 «Nobel. The Man & His Prices», a. a. O., S. 43
213 Ebd., S. Xf

214 Bergengren, a. a. O., S. 185

215 Ebd., S. 186

216 Ebd.

217 Ebd., S. 188

218 Vgl. «General-Anzeiger», 15. Oktober 1980, S. 3

219 Vgl. E. M. Salzer in: «Die Zeit» Nr. 50, 5. Dezember 1975, S. 54

220 Vgl. «Frankfurter Rundschau» Nr. 73, 27. März 1981, S. 2

221 2,4,6-Trinitrotoluol (TNT) ist ein «klassischer» Sprengstoff. Vgl. hierzu auch M. Hees in: «General-Anzeiger» 19. Oktober 1981, S. 3

222 Vgl. «General-Anzeiger» 2./3. Mai 1981, S. 16

223 Th. v. Randow in: «Zeit-Magazin» Nr. 12, 13. März 1981, S. 7

224 Vgl. hierzu Theo Sommer: «Noch funktioniert das Gleichgewicht des Schrek-kens». In: «Die Zeit» Nr. 17, 17. April 1981, S. 3; vgl. A. Herrmann: «Wie die Wissenschaft ihre Unschuld verlor». Stuttgart 1982

225 Albert Einstein; vgl. «Universitas» Jg. 36, H. (1981), S. 202

226 Vgl. Schriftenreihe des Fonds der Chemischen Industrie, Diaserie 6 und Heft 14, «Forschung in der Chemie: Journalisten fragen – Wissenschaftler antwor-ten». Frankfurt a. M. 1978

227 Vgl. H. Haken: «Erfolgsgeheimnisse der Natur». 2. Aufl. Stuttgart 1981 – «Die Zeit» Nr. 24, 5. Juni 1981, S. 64. Vgl. auch: G. Helmchen und P. A. Langley: «Nachr. Chem. Techn. Lab.» 29, 294 (1981); «Pharmazie in unserer Zeit», 10. Jg. Nr. 2, S. 61, 1981

228 «General-Anzeiger», 2./3. Mai 1981, S. 14; 16. Juni 1981, S. 26 – M. Perutz: «Ohne Chemie kein Brot». In: «Die Zeit» Nr. 35, 21. August 1981, S. 14 – H. König: «Ins Zeitalter der Chemie». Frankfurt a. M. 1981 – vgl. hierzu auch M. Perutz: «Ohne Energie kein Fortschritt». In: «Die Zeit» Nr. 36, 1981

229 Vgl. hierzu «Fakten zur Chemie-Diskussion». Hg. Arbeitsring der Arbeitge-berverbände der Deutschen Chemischen Industrie e. V. (Wiesbaden) und Verband der Chemischen Industrie e. V. (Frankfurt) 1980/81

230 Deutsches Aussätzigen-Hilfswerk e. V.: 1981 Internationales Jahr der Behin-derten. Wurfsendung 1981

231 Vgl. hierzu: «Vom Germanin zum Acylureidopenicillin. Forschung, die Ge-schichte machte». Bayer AG, Leverkusen 1980

232 Vgl. Anm. 228

233 J. Hersch in: «Universitas», 35. Jg., Heft 12, Dezember 1980, S. 1291 f – vgl. R. Lüst: «Gewährt unseren Forschern größere Freiräume!» in: «Die Zeit» Nr. 25, 18. Juni 1982, S. 16; Helmut Schmidt: «Gesellschaftliche Moral des Wis-senschaftlers», ebd.

234 H. Maier-Leibnitz: «Zwischen Wissenschaft und Politik». Deutsche For-schungsgemeinschaft. Boppard 1979; vgl. auch E. Segrè: «Die großen Physi-ker und ihre Entdeckungen». München 1981. S. 300

235 H. Maier-Leibnitz. Schriftenreihe des Fonds der Chemischen Industrie, Heft 17: «Wissenschaft, Demokratie, Verantwortung». 6. November 1980, S. 9 f

236 Peter von Zahn: «Vom Tausendkünstler zum Prügelknaben». Hg. E. Merck, Darmstadt, Abt. Öffentlichkeitsarbeit, Darmstadt 1978. «Die Zukunft unse-rer Industriegesellschaft»; Bild der Wissenschaft 12/81, S. 146 f

237 Vgl. hierzu Prof. Dr. K. D. Bracher: «Die Krise der Fortschrittsidee». Vortrag im Rahmen des Dies academicus, Universität Bonn, 24. Juni 1981

238 s. Anm. 236

239 G. Pahl: «Technikfolgeabschätzung, eine Herausforderung für die Wissenschaft». In: «Mitteilungen der DFG» 3/80 (1980), S. 5

240 R. Proske: «Auf der Suche nach der Welt von morgen. Die sozialen Folgen des
   technischen Fortschritts. ARD-Sendung vom 25. Juli 1982

Zeittafel

1827	Heirat der Eltern Alfred Nobels: Immanuel Nobel und Andriette Carolina Ahlsell
1833	21. Oktober: Geburt von Alfred Bernhard Nobel in Stockholm
1837	Der Vater Alfreds verläßt Schweden nach dem Konkurs seiner Firma
1841–1842	Alfred Nobel besucht als Achtjähriger für zwei Semester die St. Jakobs Höhere Apologistenschule in Stockholm
1842	Mutter und Kinder folgen dem Vater Immanuel Nobel nach St. Petersburg
1847	Der Italiener Ascanio Sobrero (1812–88) entdeckt das Nitroglycerin («piroglicerina»)
1850–1852	Zweijährige Studienreise des siebzehnjährigen Alfred Nobel
1854	Bade- und Kneippkur in Franzensbad und in Eger
1857	Erste Patentanmeldung Alfred Nobels in St. Petersburg: ein Gas-Meßgerät
1859	Weitere Patentanmeldungen: Ein Apparat für Flüssigkeitsmessungen und ein verbessertes Barometer oder Manometer. – Rückkehr der Familie Nobel nach Stockholm nach dem zweiten Konkurs der Firma des Vaters Immanuel Nobel. Alfred Nobel bleibt mit seinem Bruder Ludvig in St. Petersburg zurück
1861	Alfred Nobel reist nach Paris und erhält ein Darlehen von 100 000 Francs «zur Erforschung des Nitroglycerins»
1862	Mai: Alfred Nobel führt die erste erfolgreiche Sprengung der Welt mit Nitroglycerin unter Wasser im Newka-Kanal in St. Petersburg durch
1863	14. Oktober: Schwedisches Patent Alfred Nobels für seine «Methode zur Herstellung von Schießpulver»
1864–1865	Alfred Nobel erfindet die Initialzündung: «Nobels Patentzünder»
1864	3. September: Die Nobelsche Nitroglycerin-Fabrik auf Heleneborg fliegt in die Luft. Alfred Nobel setzt seine Untersuchungen über das Nitroglycerin und dessen Herstellung auf einem verankerten Lastkahn (Prahm) im Malärsee fort. – 22. Oktober: Alfred Nobel gründet die Firma «Nitroglycerin Aktiebolaget». Erste Nitroglycerin-Fabrik der Welt in Vinterviken bei Stockholm
1865	Alfreds Bruder Robert errichtet eine Nitroglycerinfabrik in Fredriksberg bei Helsingfors. – 3. April: Der mit Nitroglycerin beladene Dampfer «European» fliegt vor Panama im Atlantik in die Luft. – 15. Juli: Erste größere Sprengung in den USA mit Nitroglycerin. – 4. Dezember: Detonation einer Nitroglycerin-Kiste vor einem Hotel in New York

1866	4. März: Zwei Kisten Nitroglycerin explodieren in Sydney. – 1. April: Das Werk Krümmel nimmt die Produktion auf. – April: Vierzehn Menschen sterben bei einer Nitroglycerin-Explosion in San Francisco. – 1. Mai: Das Nitroglycerin-Werk in Krümmel wird fast völlig zerstört. Viele Tote. – 14. August: Das amerikanische Patent auf «Nobels Sprengöl» wird erteilt. – Alfred Nobel reist drei Monate in die USA (Rückreise Juli). – Spätherbst: Alfred Nobel verwendet Kieselgur als Absorptionsmittel für Nitroglycerin
1867	Das Werk Krümmel liefert erstmals Dynamit in größerem Umfang. – Erteilung des deutschen Patents für Nobels Gur-Dynamit. – 14. Juli: Alfred Nobel führt englischen Fachleuten persönlich sein Dynamit vor. – 5. August: Nobels Dynamit wird erstmals in den USA fabrikmäßig hergestellt. – 10. August: Erste Sprengung in Amerika mit Dynamit an der geplanten Bay View-Eisenbahnlinie
1870	29. März: Alfred Nobel erhebt Einspruch gegen die Ablehnung des Dynamits durch die Briten
1871	April: Gründung der Firma «The British Dynamite Co. Ltd.» in Glasgow
1872	3. September: Der Vater Immanuel Nobel stirbt in Stockholm
1872–1882	Bau des Tunnels durch den St. Gotthard unter Verwendung von Dynamit
1873	Alfred Nobel zieht in ein Haus in der Avenue Malakoff in Paris
1875	Erfindung der Sprenggelatine, Englisches Patent. – P. Barbe und A. Nobel gründen die «Société Générale» in Paris. – In England entsteht die «Nobels Explosives Co.»
1876	Alfred Nobel trifft die Komtesse Bertha Kinsky, spätere von Suttner. – Nobel lernt die Blumenverkäuferin Sofie Heß in Wien kennen
1876–1885	Unterwassersprengung des Hellgate-Felsens im East River vor New York
1878	Mai: Nobel unterstützt seine Brüder Robert und Ludvig. Sie gründen die «Naphtha-Gesellschaft Gebrüder Nobel» in Rußland. Nobel patentiert eine automatische Bremse für Lokomotiven. Deutsches Sprenggelatine-Patent
1879	Nobel verlegt sein Laboratorium nach Sévran bei Livry östlich von Paris. – Anmeldung eines englischen Patents für ein Verfahren zur Reinigung von Gußeisen
1881	Nobel verläßt Paris
1883	Nobel hilft erneut seinen Brüdern in Rußland mit Darlehen und Bürgschaften. – Die Nobelsche Naphtha-Gesellschaft verlegt auf Vorschlag von Alfred Nobel eine Öl-Pipeline vom Kaspischen zum Schwarzen Meer über Tausende von Kilometern
1886	Aufbau der ersten Trusts in Europa, des «englisch-deutschen» und des «romanischen Trusts»
1886–1887	Zusammenschluß der «Nobels Explosives» mit der «Deutschen Union» zum «The Nobels Dynamite Trust Co. Ltd.» mit Sitz in London
1887	Erfindung des rauchschwachen Schießpulvers Ballistit
1888	12. April: Tod des Bruders Ludvig
1889	Alfred Nobels Mutter stirbt. – Nobel verkauft das Ballistit-Patent an

die italienische Regierung. – Erster Friedenskongreß in Paris während der Weltausstellung. – Bertha von Suttners Roman «Die Waffen nieder» erscheint. – Zusammenschluß der deutschen Pulverfabriken mit der «Deutschen Union»

1890–1896	Schiffbarmachung der Donau bei Turnu Severin
1891–1893	Durchstich des Kanals von Korinth
1891–1894	Nobel wohnt in seiner Villa «Mio nido», spätere «Villa Nobel», in San Remo
1892	Vierter Friedenskongreß in Bern
1892–1895	Cordit-Prozeß in England. Die Nobel-Firma muß die Prozeßkosten zahlen
1893	Ragnar Sohlmann wird Nobels Mitarbeiter
1893–1894	Versuche Nobels zur Herstellung von Kunstseide aus Nitrozellulose und Zellulose
1894	Nobel erwirbt die schwedischen «AB Bofors-Gullspång»-Werke und den Herrensitz Björkborn. – Trennung von Sofie Heß in Wien
1895	Nobel bezieht seine neuen Laboratorien in Björkborn. – 27. November: Alfred Nobel unterzeichnet sein letztes Testament
1896	Nobel patentiert ein weiterentwickeltes progressives rauchschwaches Pulver in Schweden
1896	Übersiedlung Nobels von Björkborn nach San Remo. 7. Dezember: Letzter Brief Alfred Nobels. 10. Dezember: 2 Uhr nachts: Alfred Nobel stirbt. 29. Dezember: Feierliche Beisetzung der Asche in seiner Geburtsstadt Stockholm.
1897	Nobels Testament wird verlesen
1898	Vergleich mit den das Testament anfechtenden Verwandten Nobels
1899	Haager Friedenskonferenz
1900	29. Juni: Die schwedische Regierung bestätigt die Statuten der Nobel-Stiftung
1901	Verleihung der ersten Nobelpreise an W. C. Röntgen (Physik), J. H. van't Hoff (Chemie), E. A. von Behring (Physiologie/Medizin), S. R. F. A. Prudhomme (Literatur)
1905	10. April: Die Statuten der norwegischen Nobel-Institute werden bestätigt

Zeugnisse

Henrik Schück

Wenige schwedische Namen sind weltweit wahrscheinlich besser bekannt als der von Alfred Nobel, und doch weiß die allgemeine Öffentlichkeit sehr wenig über ihn. Sie erinnert sich, daß er ein großer Erfinder war, aber von was genau, außer des Dynamits, bleibt vage; sie weiß auch, daß er einen großen Preis gestiftet hat. Aber von seinem persönlichen Charakter hat kaum jemand eine Vorstellung, und wenn gewisse Leute ihn sich vorstellen, ist das Bild in der Regel nicht schmeichelhaft. Manchmal haben ihn einige sich als ungebildeten Menschen vorgestellt, etwas eitel und Publizität und persönliche Aufmerksamkeit liebend.

Aber dieses Bild ist gerade das Gegenteil des wahren. Der wirkliche Alfred Nobel war ein schüchterner, rücksichtsvoller Mann, der alle Arten der Publizität verabscheute, ein hochgebildeter Mensch und ein tatkräftiger Idealist.

Aus: «Alfred Nobel – A Biographical Sketch».
In «Nobel, The Man and His Prizes», 1972

Erik Bergengren

Viele Menschen verbinden ... mit dem Namen Alfred Nobel nur eine vage und verworrene Vorstellung, in der Dynamit, Unglück und Gewalt in krausem Durcheinander mit russischem Öl, Reichtum und Nobel-Preisen eine Rolle spielen. Damit sind in den meisten Fällen ihre Kenntnisse erschöpft.

Es wäre deshalb erstrebenswert, dieses allzu mangelhafte Wissen zu erweitern und zu vertiefen. Alfred Nobel leistete hervorragende Pionierarbeit und verdient es, nicht nur als Stifter der Preise und auf Grund seines Reichtums berühmt zu sein, sondern ebenso sehr um seiner eigenen Person willen, als ein rastloser, zielstrebiger Erfinder und als ein führender Wirtschaftsorganisator von internationalem Rang ...

Der Idealismus des Kosmopoliten Alfred Nobel kam durch sein Vermächtnis an die Menschheit zum Ausdruck; er förderte damit zum Nutzen der Nachwelt unsere wertvollsten Kulturgüter: Wissenschaft, Literatur und Frieden ...

Er darf nicht nur den Ehrentitel eines großen Schweden, sondern den ehrenvolleren eines großen Europäers für sich in Anspruch nehmen, denn er war frei von nationaler Engstirnigkeit und betrachtete die ganze Welt als sein Betätigungsfeld.

Aus: «Alfred Nobel, eine Biographie», 1965

Richard Kuhn (Deutscher Nobelpreisträger für Chemie, 1938)
Wer heute durch den Gotthardtunnel nach Italien fährt oder durch den Kanal von Korinth nach Athen reist, nimmt das als selbstverständlich hin; er weiß nicht mehr, daß Tunnel und Kanal den Sprengstoffen von Nobel ihre Entstehung verdanken; er weiß nichts mehr vom persönlichen Einsatz des Erfinders und seiner Mitarbeiter.

... Ähnlich wie in unseren Tagen der Mut zu Weltraumflügen neue industrielle Zielsetzungen auftauchen läßt und Arbeiten in Gang bringt, deren Ergebnisse keineswegs nur der Astronautik dienen, sondern auch vielen Bedürfnissen des täglichen Lebens zum Nutzen gereichen werden, so hat seinerzeit der Mut zum Umgang mit Nitroglycerin und die Entwicklung des Dynamits nicht nur die Sprengstofftechnik mächtig gefördert, sondern auch weitere Gebiete der chemischen Produktion vorangetrieben. Das heute größte Chemieunternehmen der Welt (Du Pont de Nemours, Wilmington/Delaware, USA) führt seine Anfänge auf die Beschäftigung mit den Erfindungen Nobels zurück.

Aus: «Erik Bergengren: Alfred Nobel», 1965

Pascual Jordan
... Alfred Nobels Lebenswerk steht lückenlos im hellen Lichte – als überragende Leistung eines Mannes, der aus der naturwissenschaftlichen Entwicklung seiner Zeit als genialer Forscher und Erfinder Folgerungen zog, und als unternehmerischer Gestalter, Organisator und Wirtschaftsführer ersten Ranges selber diese Erfindungen verwertete, hiermit den damals neuen Stil industrieller Großwirtschaft mit prägend.

Die umfangreiche waffentechnische Verwendung des Dynamits im Kriege 1870/71 hat freilich Nobel vor innere menschliche Zweifelsfragen gestellt, wie sie in unseren Tagen dann die Physiker der ganzen Welt betroffen haben – in noch verschärfter Deutlichkeit, und in abermals vergrößerten Maßstäben. Nämlich die schweren Fragen moralischer Vertretbarkeit von Forschungen und Erfindungen, die für kriegerische Gewaltanwendung benutzt werden können. Begegnung mit der berühmten Pazifistin Bertha von Suttner hat diese Problematik ihm noch lebendiger gemacht.

So wurde gerade der Erfinder des Dynamits zum überzeugten Pazifisten ...

Aus: «Alfred Nobels Werk und Erbe». Hundert Jahre Dynamit Nobel Troisdorf (Werkzeitschrift), 1965

Dag Hammarskjöld
Die weltweite Bedeutung des Namens Alfred Nobel ist in erster Linie auf die ehrenvollen Auszeichnungen zurückzuführen, die nach dem Ver-

mächtnis des Stifters für überragende Leistungen auf vielen Gebieten verliehen werden, mit denen sich der menschliche Geist befaßt. Weniger bekannt ist dagegen der Urheber dieser Preise selbst, der Mann, in dessen Charakter hoher Idealismus und gleichzeitig der nüchterne Sinn für rein Praktisches eine enge Verbindung miteinander eingegangen waren, ein Mensch also, dessen Persönlichkeit unser uneingeschränktes Interesse verdient...

Umwälzende Großtaten auf dem Gebiete der Wissenschaft haben der seit Nobels Tode vergangenen Zeit ihren Stempel aufgedrückt. Möge sein Wunschtraum in Erfüllung gehen, und möge der Fortschritt der Wissenschaft, der sich auch an der Vielzahl der Preise erkennen läßt, die in seinem Namen verliehen werden konnten, die Grundlage schaffen für ein besseres Leben und den Frieden unter allen Völkern, ohne Ansehen des Glaubens und der Weltanschauung, der Rassenzugehörigkeit und Nationalität.

Aus: «Erik Bergengren: Alfred Nobel», 1965

Theodor Heuss
Leben und Wirken dieses Mannes, dessen Name Jahr um Jahr die Welt umwandert, Ruhm und ein Stück Reichtum mit sich tragend, sind eigentlich verhüllt geblieben. Dies weiß jeder: Er hat das Nitroglycerin verbessert, dann das Dynamit erfunden, er hat das rauchlose Pulver entwickelt, er hat in vielen Ländern Fabriken gegründet und schließlich sein Vermögen in dem Testament von 1895, über 35 Millionen Mark, zu einer Stiftung verwandt. Deren Zinsen sollen an Chemiker, Physiker, Mediziner, Schriftsteller und an Menschen verteilt werden, die sich um die Förderung der Völkerverständigung verdient gemacht haben. Fünf Preise jedes Jahr, im einzelnen bis zu drei teilbar, mindestens alle fünf Jahre zu vergeben durch schwedische Institute, durch die Stockholmer Akademie; der Friedenspreis durch einen Ausschuß des norwegischen Parlaments.

Die Nobelpreise werden seit 1901 verteilt: da das Testament von einigen Verwandten des 1896 Verstorbenen angefochten war, konnte es nicht gleich in Kraft treten. Die Liste der Preisempfänger ist ein Katalog der Verdienste; freilich zugleich schon für unser heutiges Begreifen auch ein Lehrbuch für die Erkenntnisse der zeitgeschichtlichen Bewertungen. Das empfinden wir vor dem Literatur-, noch mehr vor dem Friedenspreis.

Aus: Dynamit Nobel Werkzeitschrift, Dezember 1965

Ist die begehrteste Auszeichnung der Welt …

... aus einem Gewissenskonflikt heraus gestiftet worden? Es ist nicht einfach, dem Menschen Alfred Nobel und seinem Werk gerecht zu werden, war er doch Sprengstoffproduzent und Friedensstifter zugleich. Späte Reue hat schon manchen Besitz karitativen oder fördernden Zwecken zugeführt.

Welch eine Erleichterung, wenn man ohne Skrupel auf ein erspartes Vermögen blicken kann.

Bibliographie

SCHÜCK, H., und SOHLMANN, R. (Hg.): Alfred Nobel. Autorisierte Ausgabe der Nobel-Stiftung. 2. Aufl. Leipzig 1933. Die erste Auflage (1928) hatte den Titel: Nobel. Dynamit, Petroleum, Pazifismus

JUNK, V.: 30 Jahre Nobelstiftung. Wien 1930

WALLACH, C.: Der Nobelpreis. Berlin 1949

CAMPER, C. J.: Dynamit, ein Nobel-Roman. Graz 1950

MEIER, E.: Alfred Nobel. Berlin 1954

Via Triumphalis, Nobelpreisträger im Kampf gegen den Tod. München–Wien 1954

Via Regia, Nobelpreisträger auf dem Weg ins Atomzeitalter. München–Wien 1955

Via Gloriosa, Nobelpreisträger. München–Wien 1956

STÅHLE, N. K.: Alfred Nobel und der Nobelpreis. Stockholm 1961

AMENDA, A.: Nobel (Lebensroman). Berlin 1964

BERGENGREN, E.: Alfred Nobel. Eine Biographie. München 1965

SUTTNER, B. VON: Memoiren, Neuausgabe. Bremen 1965

Hundert Jahre Dynamit Nobel Troisdorf (Werkzeitschrift). Juni 1965

Dynamit Nobel Troisdorf (Werkzeitschrift). April und Dezember 1965

Aktiengesellschaft Dynamit Nobel Wien, Festschrift zu Ehren Alfred Nobels. Wien 1965

HARTMANN, H.: Lexikon der Nobelpreisträger. Frankfurt/M.–Berlin 1968

HERMANN, A.: Deutsche Nobelpreisträger. München 1968

The Nobel Foundation und ODELBERG, W. (Hg.): Nobel, The Man and His Prizes. 3. Aufl. New York–London–Amsterdam 1972

WALLACE, I.: Der Preis. Intrigen und Kämpfe um den Nobelpreis. New York–Bergisch-Gladbach 1962/1977

The Nobel Foundation (Hg.): The Nobel Prize Lectures, sowie: Les Prix Nobel. Amsterdam ab 1901 (jährlich)

Namenregister

Nachwort

Der Verfasser dankt Herrn Dr. Peter Neumann und Herrn Dipl.-Chem. Thomas Kleiner für wertvolle Ratschläge, Herrn Dr. G. Bier und Herrn H. Hopmann (Dynamit Nobel AG, Troisdorf) für ihr freundliches Entgegenkommen bei der Literatursuche. Herrn Dipl.-Chem. Gerold Mahr bin ich für seine Mitarbeit bei der Herstellung der Abbildungen dankbar sowie Frau Barbara Jendrny für das Schreiben des Manuskripts. Nicht zuletzt danke ich meiner Frau, Dr. med. Ute Vögtle, für die Durchsicht des Manuskripts, dem Rowohlt-Verlag, insbesondere Herrn Dr. Kurt Kusenberg sowie Frau Erika Ahlers für die gute Zusammenarbeit.

Über den Autor

Fritz Vögtle, 1939 in Ehingen/Donau geboren, Studium in Freiburg (Chemie) und Heidelberg (Chemie und Medizin), Dissertation (1965) und Habilitation (1969) in Heidelberg (Organische Chemie). 1970 Professor an der Universität Würzburg. 1975 ordentlicher Professor und Direktor am Institut für Organische Chemie und Biochemie an der Universität Bonn. Zahlreiche Vorträge und Veröffentlichungen im In- und Ausland. In- und Auslandspatente auf verschiedenen chemischen und technischen Gebieten. Das Interesse für Technik geht auf die Autowerkstatt seines Vaters zurück, die jener zu einem Apparatebau-Betrieb ausweitete, in dem ausschließlich eigene Erfindungen produziert wurden.

Quellennachweis der Abbildungen

Bildarchiv Preußischer Kulturbesitz, Berlin: 6, 81, 120 re
Ullstein-Bilderdienst, Berlin: 120 li, 121 li, 121 re, 133 re
Pressens-Bild, Stockholm: 133 li
Aus: Hansjörg Zimmermann, Geesthacht. Hamburg, 1979: 68
Alle übrigen Vorlagen stellte die Nobel-Foundation, Stockholm, zur Verfügung.